●シリーズ 福祉に生きる

69

長谷川《はせがわ》りつ子《こ》／長谷川《はせがわ》よし子《こ》

米村美奈／著

おおぞらしゃしゅっぱん
大空社出版

お読みになる人へ

〝福祉は「人」なり〟という言葉があります。この言葉は、福祉を職業とする者、またボランティアとして活動する者、さらに市民として福祉を担い、同時に主権者として福祉を考えるものにとって、重要なポイントとなります。その「人」、とりわけ多くの先駆者、先輩から、私たちは自らの在り方をしっかりと学ぶ必要がありま す。しかし今まで福祉を築いた人々については、余り知られてきませんでした。とくに地方の人々については、とらえられることがほとんどありませんでした。著名な人でも、その人の人生の中で、なぜ、福祉が実践され、どのような想いで展開されたかについては、深く探究されたことは少なかったのです。それは福祉を学ぶ者、また福祉を願う者、福祉をうちたてる者にとって、さらに国民全体にとって不幸なことでした。

このシリーズは、以上のような状況に対し、新しい地平をきりひらくため、積極的に福祉の先駆者、先輩の伝記を改めて探究し、書きおろしたものです。

是非、多くの人々が手にされ、しっかりと読んでいただけることを、願ってやみません。

一番ヶ瀬　康子

はじめに

世の中には各分野で、歴史に残る業績を成し遂げた「先駆者」が大勢いる。「先駆者」ゆえの孤軍奮闘の人生と時代を越える業績は、高い世評のもとに後世に語り継がれ、書き残され、顕彰されているのが常である。

こうした「先駆者」の輝かしい業績は、先駆者に共鳴した多数の支援者の献身的な支えによって成し遂げられることが多い。その意味で、「先駆者」の業績の顕彰とともに、「先駆者」を陰《かげ》で支えた人々に光を当て、地道な活動を記録し、語り継がねばならない。

社会事業の分野において長谷川良信《りょうしん》（一八九〇〜一九六六。以下、良信とする）は、若くして「社会事業教育」を提唱し、単身で東京西巣鴨のスラム地区に移住してセツルメント活動に邁進し、マハヤナ学園を設立するなど、「社会福祉の実践と研究、女子教育の先駆者」として名高い。

社会福祉学者・一番ヶ瀬康子は社会事業の歴史に残る女性を、

（一）社会事業の創始者として活躍した人

（二）一番の労働者として働きぬいた人

（三）妻としての役割を担い、夫の社会事業を内側から支え、社会事業を進めた人

の三つのタイプに分けている。（五味百合子編『社会事業に生きた女性たち』二六五頁）

妻として「先駆者・長谷川良信」の初期の活動を懸命に支え、一〇年間の結婚生活ののち、燃え尽きるように三七歳で逝去した長谷川りつ子（一八九九～一九三五。以下、りつ子とする）と、りつ子を姉とも慕い、りつ子の志を継承するかのように、後添えとして良信の中期～後期の多彩な活動を支え、良信の没後に全事業を継承し発展させた長谷川よし子（一九〇七～一九九六。以下、よし子とする）は、まさしく（三）の分類に当てはまるといえる。

良信、りつ子、よし子の三人の経歴を、時系列を同じにして並べてみると、次第

に深まっていく三人の「縁《えにし》」の流れが実に興味深く見て取れる。たとえば、今から一〇〇年前の一九一五年（大正四）を見くらべてみよう。

良信は同年三月に宗教大学（現・大正大学）本科を卒業して、東京市養育院巣鴨分院に勤務し、社会事業家としての第一歩を踏み出した記念の年である。そのとき、りつ子は一六歳になったばかりで、同じく三月に名門の静岡県田方郡《たがたぐん》立三島高等女学校（現・静岡県立三島北高等学校）を卒業して、翌四月に共立女子職業学校（現・共立女子大学）家政科に入学。単身で上京している。一方、よし子は六歳になり、実母・青柳利《とし》と一緒に滋賀県大津市の念仏寺に住み、大津市南尋常小学校二年に通学中であった…。

やがて三人の人生航路は、運命的な出会いを経て縁《えにし》を深め、重なり合っていく。

本書では、社会福祉の実践に苦闘しながらも、一歩一歩活躍の輪を広げ続けた良信の足跡に添いながら、第一部でりつ子を、第二部でよし子を取り上げ、それぞれの社会事業面での役割に触れつつ、その生涯を綴る。

目次

第2部　長谷川よし子

第1部　長谷川りつ子

一　幼きころ

静岡県三島に生まれ、三歳で母と死別

りつ子（旧姓小早川）（一八九九〜一九三五）は一八九九年（明治三二）二月一二日、静岡県田方郡《たがたぐん》三島町百十一番地（現・静岡県三島市）に、父・小早川六三郎、母・なかの二女として誕生する。

戸籍上の表記は「小早川りつ」であるが、折々の記録には「りつ子」や「律子」の名前が見られる。一周忌に当たる一九三六年（昭和一一）二月に出版された『長谷川りつ子記念集』の冒頭に、本人の署名と筆跡が収録されているのを見ると、「長谷川りつ子」である（次頁「りつ子の筆跡」参照）。本書では「りつ子」の表記で統一する。

▲長谷川りつ子。富士見高原にて。1934年（昭和９）

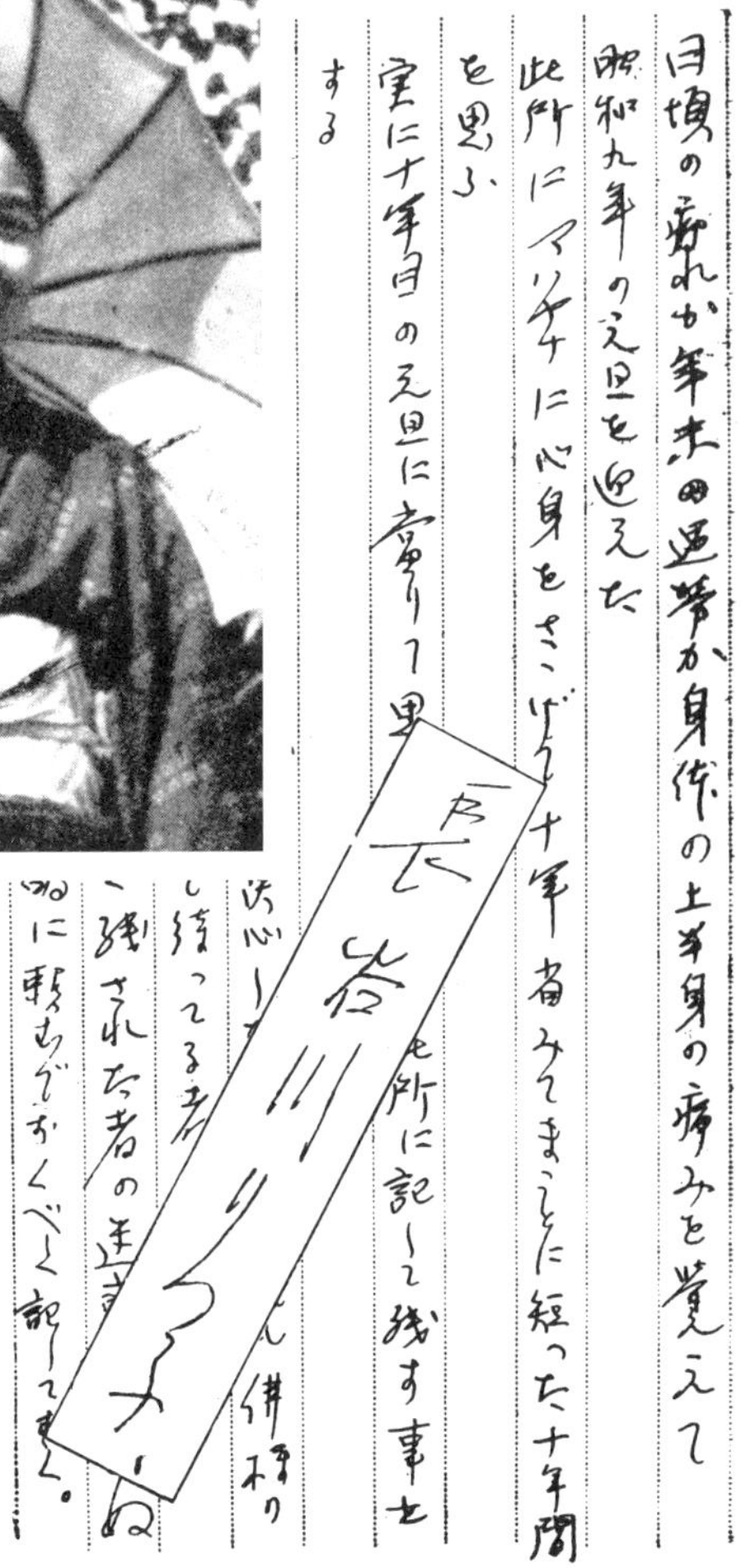

日頃の疲れが年末の過労が身体の上半身の痛みを覚えて
昭和九年の元旦を迎えた
此所に[illegible]に心身をささげ[illegible]十年省みてまことに[illegible]た十年間
を思ふ
実に十年目の元旦に當りて思[illegible]此所に記して残す事と
する
[illegible]
[illegible]併様の
残された者の迷[illegible]
[illegible]に[illegible]でおくべく記しておく。

▶りつ子の筆跡「遺言状のはしがき」1934年（昭和９）正月

　りつ子が生まれ育った現在の静岡県三島市は、市街から霊峰富士山を眺望でき、富士山の伏流水が市内の複数箇所から湧き出し、水の豊富な、温暖な気候の地である。りつ子誕生の前年、一八九八年（明治三一）五月に伊豆箱根鉄道駿豆《すんず》線の三島町（現・三島田町）と南条（現・伊豆長岡）の各駅を結ぶ区間が開業し、蒸気機関車が走った。当初は湯治客の便を図り、伊豆中部の大仁と東海道本線を結ぶ目的で建設された鉄道である。

　後年にりつ子が書き残した日記には、「大正一四年一月二五日（雪）　昨夜より降り出せし雪五分程積もる、駿豆線おくれて連絡せず二時間半三島駅に待つ、寒し、雪は小やみなく降る、いよいよ大いなる雪降る…」（『長谷川りつ子記念集』三四頁）など、伊豆箱根鉄道駿豆線にまつわる思い出深い記述が見られる。その後、東京―大阪間に電話が開通し、公衆電話も設置された。こうして近代化が目覚ましく進んでいく時代に、りつ子はこの世に生を受けたのである。

　りつ子は、三歳の夏の時に実母の「なか」と死別している。三歳といえば、可愛さいっぱいの時期で、両親の愛を一身に受けるときである。一般的には手先も器用になり、運動能力や言語能力の発達も目覚ましく、自我も発育し、周囲のことも気になり始める。こうした年頃で母親をなくした痛手は大きいものであったろうと想像できる。りつ子の一周忌を追悼する文集『長谷川りつ子記念集』の「小伝」で、編集責任者四湖山《よこやま》秀暢は、

不幸、三歳を迎えた夏のころ、慈母の逝去《せいきょ》によりお襁褓《むつ》の時より、早くも片親の悲しみに逢われたが、爾後《じご》の生い立ちは、決して歪《ゆが》められなかった。それは、実に厳父の一貫せる信念志操《しそう》と、祖母の限りなきいとしみとの賜物である。すなわち厳父は当時三一歳の青春を封じて、半生の独居を守り真摯《しんし》なる一種の宗教的な生活の体験を続け、祖母と共に、ひたすら愛児姉妹のために慈愛を捧げ尽くしたからであった。かくて夫人（筆者注・りつ子）は、長姉もと子氏と共に堅実なる中産家庭の人として極めて平安なる環境の裡《うち》に、すくすくと育って来たのであった。（『長谷川りつ子記念集』一九三頁）

と記している。

厚生労働省の調べによると、このころの平均寿命は男性四四・三歳、女性四四・八五歳となっている。母親の死亡年齢は不明だが、夫の六三郎に近い年齢と考えれば、早逝《そうせい》したということであろう。母の死後は祖母が母親代わりとなり、三一

歳になる父・六三郎の慈愛を一身に受け、姉のもと子とともに大切に育てられた様子がうかがえる。

良信の生い立ちと、恩師渡辺海旭との出会い

りつ子は一九二五年（大正一四）、二六歳のときに長谷川良信（一八九〇〜一九六六）と結婚し、そののち一〇年間を共に社会事業と女子教育に挺身《ていしん》し、三七歳で短い生涯を閉じた。人は誰しも結婚相手によって、その人生に転機や変化が訪れる。りつ子の場合も例外ではない。

良信とりつ子は互いの生涯に大きな影響を及ぼし合っている。りつ子抜きに良信の多岐《たき》にわたる社会事業の展開や、教育事業の成功はなかったであろうし、りつ子の生涯もまた、良信なくしては語れない。すなわち、りつ子の献身的な支えがなければ、良信の仏教社会事業史上の巨峰と評価される、数多くの社会事業や教育活動の幾つかは立ちゆかず、創設も出来なかったかもしれない、と言っても過言ではない。

長谷川良信については『シリーズ福祉に生きる24　長谷川良信』（長谷川匡俊著）に詳しいので、本書では簡単な紹介にとどめておきたい。

良信はりつ子誕生の九年前、一八九〇年（明治二三年）一〇月一一日に、茨城県の農家・長谷川家に七人兄弟の五男として生まれる。六歳のときに、子どものいない親戚の浄土宗得生寺（小池智誠住職・やす夫妻）の養子となり、小僧として八年間を過ごし、厳しいしつけとお寺での修養によって人格を磨き、仏教の知識や漢学の素養を身につけた。

一九〇五年（明治三八）三月に真壁町（現・桜川市）の高等小学校を卒業。得生寺の経済状況を考えると進学がためらわれたが、良信の成績がたいへん良く、良信も希望したため、小池智誠住職は島田家（島田勘吉・きよ夫妻）に相談した。島田家のきよが妻やすの従姉妹《いとこ》であり、きよが良信を実の子ども同様に可愛がっていたためである。良信は島田家の好意により、東京の浄土宗第一教校（現・芝中学高等学校）に進み、卒業ののち一九一〇年（明治四三）に宗教大学（現・大正大学）の予科に進学し、終生の恩師・渡辺海旭《かいきょく》と運命的に出会う。

　この時良信二二歳、渡辺四〇歳であった。良信の一生には、尊敬できる人や恩師は数多くいるが、この渡辺ほど尊敬し、信頼し、かつ決定的な影響を受けた人はいない。（略）渡辺は明治五年（一八七二）の生まれで、昭和七年（一九三二）に亡くなっている。明治末期から昭和初頭にかけての仏教界を代表する指導者の一人として活躍した人で、良信が出会った当時は、宗教大学の教授であった。（長谷川匡俊『シリーズ福祉に生きる 24 長谷川良信』二八頁）

　海旭は二八歳を迎えた一九〇〇年（明治三三）、浄土宗の第一期海外留学生として、ドイツのカイゼル・ウィルヘルム第二世大学に留学した。サンスクリット（梵語）・チベット語・パーリ語などの仏教言語を中心に仏典研究や、比較宗教学に専心し、ヨーロッパの宗教社会事業についても関心を持ち、理解を深めた。

　良信が宗教大学に入学した一九一〇年（明治四三）に、海旭は一〇年におよぶドイツ留学を終えて帰国し、ドイツでの慈善事業や社会政策の見聞をもとに、浄土宗労働共済会を組織し、労働者のための簡易宿泊所や無料職業紹介所を開くなど、めざましい活躍を開始する。仏教界の堕落を嘆いていた良信は海旭の活動に共感し、その指導のもとに社会事業の実践に励むようになった。

二　女学生時代

三島高等女学校入学と、高等女学校制度の変遷

良信が宗教大学（現・大正大学）の予科に進学して海旭に出会った翌年、一九一一年（明治四四）にりつ子は顯原尋常小学校を卒業し、静岡県田方郡立三島高等女学校（現・静岡県立三島北高等学校）に進学した。高等女学校は現在の学校制度に当てはめると中等教育機関であり、今日の中学一年ということになる。

今と異なる高等女学校の制度の変遷を概観してみると法的には以下の通りである。

（1）「中学校令」の規定……高等女学校は一八九一年（明治二四）に改正された「中学校令」の第一四条で、「高等女学校ハ女子ニ須要ナル高等普通教育ヲ施ス所

ニシテ尋常中学校ノ種類トス　高等女学校ハ女子ニ須要ナル技芸専修科ヲ設クルコトヲ得」と規定された。しかし修業年限や科目等の詳細な規定はなかった。

（２）「高等女学校規程」の公布……一八九五年（明治二八）に「高等女学校規程」が公布された。この規程によると履修すべき科目は、「修身・国語・外国語・歴史・地理・数学・理科・家事・裁縫・習字・図画・音楽・体操」で、現在の選択必修科目に相当するものとして「教育・漢文・手芸」があり、一科目以上を履修することが定められている。

現代の学校制度の科目にはない「修身」は、現在の道徳教育に似たものであり、「家事」は家事全般と家計簿のつけ方や育児を学ぶ。「裁縫」と「手芸」は、家事と分離されており、実用できるところまで学ぶことを目指し、「教育」は教育の原則と教授方法を学ぶことを目的にしている。

修業年限は、六年間としているが一年の短縮が認められている。これは、男子と同等にする必要がないとの考え方からであった。入学の条件は、四年間の尋常小学校を卒業したものか、それと同じぐらいの学力を有するものとしている。

（３）「高等女学校令」の公布……りつ子が入学した時には、それまでの「高等女

学校規程」を改正した「高等女学校令」が一八九九年（明治三二）に公布されていた。当時の樺山資紀文相は、教育の目的を、

「賢母良妻タラシムルノ素養ヲ為スニ在リ。故ニ優美高尚ノ気風、温良貞淑ノ資性ヲ涵養スルト倶ニ、中人以上ノ生活ニ必須ナル学術技芸ヲ知得セシメンコトヲ要ス」

と説明している。このように良家である中流以上の家庭の女子を教育の対象とし、賢母良妻を目指した教育であった。したがって、男子と異なり、女子に対しては、社会や国のために活躍する人材育成という教育の意味合いはなかった。女性は、自分自身のために学び、経済的、精神的自立を目指すものとして考えられていた時代である。それらは、設置科目からも推察することができる。

学ぶ時間は年間四〇週で、一週間に三一時間である。文部省（現・文部科学省）は、りつ子が入学前の一九〇八年（明治四一）以降に地域や学校差に応じて時間割の自主裁量を認めていた。

具体的には、裁縫や図画の週時間数を、一～二年で五～一七時間、三～四学年で四～一四時間とする内容である。したがって、同じ高等女学校でも、裁縫

をもっとも重視する学校では、外国語や音楽・図画を削除して、週三一時間中の一七時間を家事にふりむける事例が生じてくる。

（仲新監修・内田糺・森隆夫編『学校の歴史　第三巻　中学校・高等学校の歴史』七九頁）

各学校の教育方針によって授業科目の時間割が決定されるため、賢母良妻を目的にしている高等女学校では、教科学習よりも裁縫等に力を入れる場合も珍しくなかった。また、高等女学校は各都道府県に設置を義務付け、私学の設置も認めていた。

各県に新設された高等女学校は、県として最高峰ということで、生徒たちの人気が集まり、明治三五年を例にすれば、東京府立第一の四・二倍、市立名古屋の四・二倍、高知の三・九倍など、入試の競争率が四倍に達する学校が生まれた。

（仲新監修・内田糺・森隆夫編『学校の歴史　第三巻　中学校・高等学校の歴史』九六頁）

といわれ、その人気の高さと入学の難しさがうかがえる。

（4）一九〇八年（明治四一）の改正……入学資格を一二歳以上の尋常小学校卒業者と定め、修業年限も四年間を基本として、学ぶ期間の男女差をなくした。さらに、四年間の修業期間の他に三～五年とするなど、多様な修業年限も認めた。

りつ子、三島高等女学校に学ぶ

こうした規程等や時代背景から見ていくと、りつ子は一九一一年（明治四四）に四年間の尋常小学校を卒業し、同年四月に静岡県田方郡立三島高等女学校に入学したものと思われる。

三島高等女学校の創立および名称の変遷は以下の通りである。

（1）静岡県田方郡立三島高等女学校（明治三四年～大正八年）……設立の動機は一八九四～一八九五年（明治二七～二八）の日清戦争の勝利による教育振興気運の盛り上がりと、地元の田方郡議会少壮議員の提唱により、一九〇一年（明治三四）四月九日に設置が認可され、「静岡県田方郡立三島高等女学校」と称した。当時の静岡県下における高等女学校は静岡市に県立女学校が一校あるだけで、本校と同年同月に浜松市立高等女学校が開校したが、県下の郡立女学校の先鞭をつける形であった。また、静岡県東部の唯一の公立高等女学校であったため、遠隔地からの入学者が多く、寄宿舎を設け、女子教育に寄与した。

▲郡立三島高等女学校の正門（大正７年）

りつ子が一九一一年（明治四四）に入学し、五年間にわたって学んだのは、この「静岡県田方郡立三島高等女学校」であった。入学した年に三年制の実科が設置され、定員は四〇〇名であったという。写真の看板に見られるように、当時は「三嶋高等女学校」の表記も用いられていた。

（2）静岡県三島高等女学校（大正八年～大正一一年）……大正八年に「静岡県三島高等女学校」と改称。大正一〇年には生徒総数五〇九名。

（3）静岡県立三島高等女学校（大正一一年～昭和二三年）……大正一一年三月三一日の郡制廃止とともに県立に移管

され、「静岡県立三島高等女学校」と改称した。昭和五年六月三日に天皇陛下の御臨幸があり、国語・縫製・体操科の授業を天覧された。

(4) 静岡県立三島第一高等学校（昭和二三年〜昭和二四年）……戦後の昭和二三年の学制改革により新制高等学校として発足、「静岡県三島第一高等学校」と称した。同年九月に定時制課程を開設。

(5) 静岡県立三島北高等学校（昭和二四年〜現在）……昭和二四年四月一日に「静岡県立三島北高等学校」と改称し、新学区制と男女共学を実施し、現在に至る。

（『三島市誌　下巻』五二二〜五二六頁参照）。

りつ子が学んだ「静岡県田方郡立三島高等女学校」は、右記のような変遷と古い歴史をもつ学校である。二〇〇八年（平成二〇）に定時制を廃止し、現在は全日制のみで存立している。卒業生の総数は二万人を超えており、記録によると高等女学校の卒業生数だけで五、〇三八名を数える。

りつ子が卒業した当時の一九一五年（大正四）の高等女学校の進学率は、五・〇%

であり、一〇年後の一九二五年（大正一四）でも一四・一％である。この数字からも、限られた子女だけが進学していたことがわかる。また、学校数も限られており、一八九九年（明治三二）の高等女学校令の公布後に、学校数の増加にともない女子の学生数も急速に増えたが、それでも一九一〇年（明治四三）の全国統計では、一九三校で生徒数五万六千人強である。

当時の学費について、一八九四年（明治二七）発行の女子高等師範学校編『公私立高等女学校要項取調表』を見ると、「学費は一・五円」という記録がある。当時は、学力のみならず経済的にも恵まれたものだけに、勉学の門戸が開かれていたのである。

明治政府は一八七二年（明治五）に学制を定めたが、日露戦争（一九〇四～一九〇五、明治三七～三八年）ごろまでは、女子の進学率が著しく低かった。そして中等教育以上は、男女別を原則としていた。そのため女子が現在の大学である高等教育を受ける土壌が整うまでには、（東北帝国大学、明治大学など一部の大学を除き）戦後を待たなければならず、わが国の男女の制度上の教育格差は、時代をさかのぼればさかのぼるほど大きかったといえる。

こうした時代背景のなかで、りつ子が高等女学校へ進学した点を考えると、小早川家、特に父・六三郎の教育に対する意識の高さと経済力、そしてりつ子自身の学業に対する熱意があったことが想像できる。

共立女子職業学校に入学

りつ子は一九一五年（大正四）三月に三島高等女学校を卒業すると、翌四月に共立女子職業学校（東京）の家政科へ入学した。

共立女子職業学校の正式名称は「私立共立女子職業女学校」であり、一八八六年（明治一九）に設置認可を受けた。創立発起人は東京女子師範学校で教鞭をとっていた宮川保全《みやがわやすのり》で、同僚の渡辺辰五郎が開設した「和洋裁縫伝習所（現・東京家政大学）」の二階に間借りする形で授業を始めた。当の裁縫私塾は、八月まで授業を休止しており、実質的には「和洋裁縫伝習所」の生徒の一部が自動的に女子職業学校に移籍したと考えられている。公式には、同年九月から講義を開始した。

当初の設立趣意書には、発起人として二九名の署名があり、その後の東京府への提出時に五名が加わり、発起人の総数は三四名となっている。宮川保全など創立発起人の職業学校設立の理由は、以下のように推測される。

設立を企図した理由は、（中略）潜在的にあった官立女子師範教育の変質への不満であり、それは教育令の公布等による国家の教育方針の変転への不満であり、さらに決定的な理由は男子の東京師範学校の解体にあったと考えられている。（共立女子学園百年史編纂委員会編『共立女子学園百年史』五頁）

当時の『女学雑誌』は第二二号に「私立共立女子職業女学校」の設立趣意書を掲載し、その趣旨に賛同を示した。そこでは、女性の独立のためには①女子職業学校の開設、②小学校で女生徒に職業を教えること、③女子師範学校制度の改良、④女子が働くことのできる会社の設立の必要なことを強調していた。（共立女子学園百年史編纂委員会編『共立女子学園百年史』六頁）。

共立女子職業学校は一八八七年（明治二〇）、現在の校舎がある東京・神田に移転し、そののち数年おきに新築と増築を重ね、りつ子が尋常小学校を卒業する前年には、木造三階建ての大校舎が完成している。発足当時、共立女子職業学校は、当時の新聞等で入学者が殺到しても校舎が狭く収容しきれていないと批判を浴びていた。

こうしたことからも当時の世間から大きな注目を集めていた学校であったことがわかる。（共立女子学園百年史編纂委員会『創立一〇〇周年記念写真集　共立女子学園の一〇〇年』一五頁）。

『風俗画報』一九三号（明治三二年七月二五日発行）は、開校一三年を迎えた共立女子職業学校を、

本校は女子に適応せる技芸職業並に必要の学科を授くる所とし、教科を甲乙の二科に分ち、共に裁縫、編物、刺繍、造花、図画の五科を置き、別に裁縫教員養成科及割烹科を置く、二科共に術科の外必ず、修身、読書、習字、算術、家事、理科の六科を課す。修業年限は、甲科三ヵ年、乙科二ヵ年とし、授業時間は毎日凡七時間とす。

と、記事に取り上げている。

共立女子職業学校は全国から学生を集めていたため、開校の次年度から寄宿舎を作り、拡張を続けた。このころの学校は学生の住所を厳しく管理し、地方出身者は原則的に入寮としていた。そのため地方出身者の多い共立女子職業学校では、寄宿舎の設置が必須であった。静岡県出身のりつ子も寄宿舎を利用したと考えられる。

りつ子が入学した一九一五年（大正四）には、同窓会組織「桜友会」の第四九回と五〇回春季の会合において「寄宿舎第三期増築計画に対する資金調達のための寄付」が募集され、募金をもとに土地を購入し、一九一八年（大正七）一月に木造二階建ての寄宿舎を新築している。

寄宿舎を完備する共立女子職業学校は、入学希望者が年々増加し、りつ子が入学した翌年の一九一六年（大正五）には一、〇五二名に達した。しかし入学を許可された者は校舎に収容できる七六〇名であった。そのなかで、地方出身者が七九・〇％の六〇一名、東京出身者が二一・〇％の一五九名であった。したがって、向学心に燃える在校生の約八割を占める女学生が寄宿舎で生活し、勉学に励んでいたことになる。

りつ子は入学二年後の一九一七年（大正六）に卒業している。おそらく、修業年限二年の乙科（その後、乙部に名称変更）に在籍し、家庭科（一九一二年、明治四五年新設）で学んでいたと考えられる。家庭科は、高等女学校を卒業した者が家庭に入る準備をすることを目的に、技芸と学科を学ぶ目的で、裁縫に重きを置き、家事一切の知識と技術を身に付けた。希望者は、編物、刺繍、挿花を学ぶこともできた。

さらに修身等の教科において、世間で生きるための処世や家庭人としての常識等を学び、賢母良妻に必要な学習がなされていたのである。

同時期に甲科で学んでいた学生は、当時の学生生活について、

髪は束髪《そくはつ》に結《ゆ》い、縞《しま》、絣《かすり》の着物に紫紺《しこん》の袴《はかま》、下駄ばきで通学しました。上履きも草履《ぞうり》でした。通学の途中は、夏のどんなに暑くとも店に寄って氷水など飲むことは絶対禁じられ、また当時大流行のカチューシャの歌を口ずさむことも許されませんでした。私は、牛込若松町から小一時間、せっせと歩いて通ったものです。三年生のころにやっと市電ができ、これに乗って若松町から九段下まで通いました。（中略）

（多くの人は）学校の正門横にあった寄宿舎や親戚の家から通っておられました。寄宿の方は自炊のようでした。そのほか教員の免許をとるため、女学校を卒業されてから来られた方など、私達より年上の方々も勉強しておられました。今考えても、皆様本当に一生懸命勉強されました。学んだことは、七〇数年後の今でも身にしっかりついております。

（共立女子学園百年史編纂委員会編『共立女子学園百年史』一二七七頁）

と述べている。共立女子職業学校の学生たちは、現在の高校生に相当する年齢であるが、校則も厳しいなかで熱心に学習していたことがわかる。ここでりつ子は二年間にわたって勉学し、一九一七年（大正六）三月に卒業する。家庭科の第二期生であった。そののち家庭科は徐々に学生数が増え、一一年後の一九二八年（昭和三）三月までの卒業生の総数は一、六二七名に達している。

良信、宗教大学を卒業し、社会事業の第一歩を

一九一五年（大正四）三月に、りつ子が三島高等女学校を卒業したとき、長谷川良信も同三月に宗教大学本科を卒業した。そしてりつ子が共立女子職業学校に入学して上京し、熱心に勉学を開始した五月に、渋沢栄一が初代院長を務める児童の施設（東京市養育院巣鴨分院）へ就職し、社会事業の第一歩を踏み出した。

良信が海旭の薫陶《くんとう》を受け、宗教大学で学んでいたころの世相は、経済の急速な発展によって庶民の貧富の差が拡大し、貧困問題が顕在化して社会問題化していた。その結果、米価が高騰し、飢えに苦しむ人々が多く「米騒動」が続発した。そこで良信は

大学の仲間たちと貧しい庶民の救済を考え、安価な南京米《なんきんまい》を購入し、安売りを実施した。この実践活動はマスコミにも取り上げられ、高い評価を受け、社会事業関係者の関心を集めた。

良信にとっては高い志を抱いて踏み出した「社会事業実践の第一歩」であったが、半年後に結核を患い、余儀なく翌年に退職し、房総半島の南端の養育院安房分院で、一年近く療養生活を送っている。

三　職業婦人として活躍

佐野農業補習学校の教員になる

りつ子は一八歳を迎えた一九一七年（大正六）、共立女子職業学校を卒業すると、故郷の静岡県三島に戻り、一年間ほど家事に従事し、翌一九一八年（大正七）の夏に腸チフスに罹《かか》って、五〇日間の病床生活を体験している。そして、腸チフスが快癒《かいゆ》したあとの同年一一月に、静岡県駿東郡《すんとうぐん》組合立佐野農業補習学校（現・静岡県立裾野高等学校）へ教員として勤め始めた。

ここで、このころの女性の就業状況を確認しておきたい。明治期には、教員、工場労働者、電話交換手、看護師などの仕事に就《つ》く女子もいた。りつ子が勤め始めたのちの一九二〇年代（大正時代後半期）は、産業界の進展に伴い、タイピスト、百貨店の店員、事務員などの新たな職業が生まれた時期である。こうした新しい職業に就くのは高学歴者が多く、「職業婦人」と呼ばれた。それでも、りつ子のように高等女学校の卒業生が就職するのはまだまだ、一般的ではなかった。

　男性より低賃金であったこともあり女性教員に対する需要は高く、特に小学校教員における女性の比率は次第に増加した。教員は他の「職業婦人」にくらべ既婚者も多かった。女子教員たちの集う全国小学校女教員大会（一九一七年開始）は、二〇年に産前産後の休暇と給与の全額支給の要求を決議しているが実際は、家庭と職業の両立実現は、制度整備も進まず厳しいものであった。

（総合女性史研究会編『時代に生きた女たち　新・日本女性通史』一七六頁）

また、賃金については『日教組婦人部三十年史』に、

　初任給でまず男子は五〇円、女子四五円（一九二二年・大正一一、師範卒）と差がつく。五円の差といってもピンとこないであろうが、このころの三食つき下宿代が一ヵ月およそ七円という相場であったことをみれば、この差がいか

に大幅であったかがわかるであろう。昇給期間も校長のお手盛りで男子優先に昇給、（中略）……

二年も三年も昇給ストップすることは、女教師にとって別に不思議な出来事ではなかった。（中略）長く勤続すればするほど、そして出産の度数がふえればふえるほど、賃金の格差は拡大し、まさに最低賃金に据えおかれるのである。

（日教組婦人部編『日教組婦人部三十年史』一五頁）

と当時の賃金状況について記している。この一九一〇年代から一九二〇年代の大正デモクラシーと呼ばれる時代は、母性保護や部落・婦人・農民解放・男女平等などの運動が起こった時代である。まさにこの時代にりつ子は、職業婦人として勤め始めたのである。

佐野農業補習学校の五年間

りつ子が五年間にわたって勤めた佐野農業補習学校は、一九〇三年（明治三六）四月に駿東郡の「小泉村外三ヵ村学校組合立佐野農業補習学校」として、小泉村佐野西原に創設された。この「実（農）業補習学校」の制度は、明治初期から中頃にかけて、産業の近代化が進むとともに初等、中等教育の制度化が求められるようになり、一八九三年（明治二六）に法制化されたものである。

主たる目的は「実業補習学校」の名称のごとく、尋常小学校の補習と職業に関する知識技術を学ぶことであった。具体的には、学齢期の年齢をすぎた勤労青年や、尋常小学校の中退者、未修学者を受け入れて、小学教育の補習をさせることと、職業教育をすることである。

修業年限は三年以内であり、授業は日曜日や夜間に行われた。地域の状況によっては、季節を限って実施することも許されるなど、「定時制学校」として位置づけられていた。

読書や算術、習字などを学ぶとともに、りつ子が勤務した農業補習学校であれば、農業に関する害虫・肥料・排水・農具・養蚕・家畜等についての知識を学ぶことを学習内容とした。そして就学者の実態は、尋常小学校の学習修了者と未修了者、仕事に就いていない者とこれから就く者など、多種多様な学生が混在して修学していたのである。

この実業補習学校は小学校令に基づき、「小学校」として規定されていたが、一八九九年（明治三二）の実業学校令により、中等教育機関として位置づけられた。学校単位で甲、乙種と区別されており、入学資格や修業年限、学ぶ内容が異なっていた。また、甲種よりも乙種の学校は、地域性や融通性を持ちながら職業教育を行うことができた。（豊田俊雄編『わが国産業化と実業教育』）。

当時の教育界における課題は、学齢期児童の就学率を上げることであったが、一九〇〇年（明治三三）に義務教育の無償化が実施されると、予測通りに就学率が上昇した。そこで尋常小学校の補完的意味合いをもつ「実業補習学校」の性格を変える必要性が生じた。この変革は、りつ子の勤続三年目の一九二一年（大正一〇）に実施され、学校の名称が「小泉村外三カ村学校組合立佐野農業補習学校」から「静岡県佐野実業学校」へと変更されたのである。

そして「佐野実業学校」は乙種であるため、入学資格は一〇歳以上で、学力が修業年限四年の尋常小学校以上の学力を有する者であり、修業年限は三年以内となった。学習科目は、修身・読書・習字・作文・数学・物理・化学・地理・歴史・外国語・国語・体操など普通科目が充実し、さらに職業的な実習も実施された。この佐野実業学校にりつ子は、五年間勤めたのである。

りつ子が佐野実業学校の教壇に立って三年目の、一九二一年（大正一〇）六月に大場平一郎が同校校長に就任した。りつ子は一九二三年（大正一二）七月に佐野実業学校を退職しているので、丸二年間、大場平一郎と同じ職場ですごしたことになる。大場平一郎はりつ子が逝去したあとの追悼特集『ニュース　花その』で、りつ子の死を偲び、

長谷川りつ子先生が逝かれてから、もう一四〇日になる。……（略）小生の初めてお目にかかったのは、たしか大正九年六月三〇日、小生が同校（佐野実業学校）に就任いたした時であった。

生徒を教ゆる懇切丁寧《こんせつていねい》よく指導して倦《う》まず、生徒は皆先生の徳を慕いて、慈母に懐《いだ》かるるが如くなつき、日直にて休日に出校するようなことがあれば、生徒は皆来たりて……（巣鴨女子商業学校・家政女学校校友会「ニュース　花その」第二号）

と記述し、教師としての活躍ぶりを伝えている。

また、当時のりつ子の動向を伝える貴重な資料として、「日記」断章が『長谷川りつ子記念集』に収録されている。

①一九二三年（大正一二）一月一四日（曇）　日直二番で行くべく朝寝せしも、また思い返して大急ぎ支度して一番に乗る。生徒の集まるまでに教授録を書き終わる。仕事進行して嬉し。余興の練習す……。

②二月六日（曇）　一時作法、一心に生徒の動作に注意すべく、他に心を取られまいとつとめる。四時の休みは三年の裁縫に行く。一年作文は雪景色、清書させ出さしむ。

③七月三日　佐野実業学校送別式。

④七月五日（午後雨）　父と共に榛原行き、大石先生のお宅に廻る。

⑤七月六日　榛原高等女学校新任式。

佐野実業学校は同じ静岡県内の、りつ子が居住する三島町から約一二キロメートルほど離れた駿東郡小泉村（現・裾野市佐野）にあった。通勤は伊豆箱根鉄道駿豆線の電車と御殿場線の汽車を乗り継いでのものであった。その間の事情や、女学校でのりつ子の人となりについて『長谷川りつ子記念集』の小伝では、

夫人は少女時代から物事に勤勉であり、頭脳も明敏《めいびん》、性質も明るく立ち振る舞いに屈託なく、何人にも愛され、幼稚園から小学校卒業までは一日も無欠勤

という成績だったとのことである。また非常な健脚家で、よく厳父《げんぷ》や友人などと神仏詣《まい》りや登山、旅行などもし……（中略）佐野実業学校に奉職していた五年間は自宅から通勤して、子持ちの令姉《れいし》（筆者注・もと子）を助けて、ほとんど一手に家事を切り盛りしていた。（『長谷川りつ子記念集』一九四頁）

と伝えている。また、残された日記を読むと、随所に生徒の指導に腐心する、若き女教師の奮闘の様子が記されている。なお、同書の凡例では、

　本記念集は……（中略）主として日誌と書牘《しょとく》（筆者注・手紙類のこと）が大部分を占め、これが本記念集の眼目となっているが、日誌の方はマハヤナ以前のものが二ッ、以後のものが五ッ採録してある。……（中略）採録されたものも一ヵ年を通じてあるのはほとんどなく、いずれも飛び飛びの余白だらけの日誌であった。……（中略）マハヤナ以前の二ッの日記も夫人の多感な乙女時代を偲ぶ好個の金字塔である。（『長谷川りつ子記念集』七頁）

と明記して、マハヤナ以前の二ッとして「大正一三年」と「大正一四年」の日記が抄録されている。しかし、一九二三年（大正一二）七月三日の「佐野実業学校送別式」の記述を残す日記の扉を「大正一四年」とするなど、編集上の明らかな誤植が

見られる。このたびの引用に当たっては、

「大正一四年」→「大正一二年」

と訂正して用いたことを付記する。

なお、「大正一三年」の扉のある日記には、
①一月一日（晴）佐野、年賀に行く。空晴、風なく、よき元日なり。
②一月三一日（晴）（中略）……佐野時代の知己市川様に面会（後略）。
など、一九二三年（大正一二）六月に退職した佐野実業学校時代を懐かしむ記述が散見するので、佐野実業学校を退職した翌年の「大正一三年」の日記と推定される。

静岡県立榛原高等女学校に転任

このころ、三島高等女学校で教えを受けた恩師の大石小一郎が、静岡県立榛原《はいばら》高等女学校の教頭に就任し、教え子のりつ子を「裁縫家事科担当教諭」として就任を懇望した。りつ子は大石小一郎の要請に応え、一九二三年（大正一二）六月に佐野実業学校を退職し、七月から静岡県立榛原《はいばら》高等女学校に転任し、教鞭をとることにな

った。（巣鴨女子商業学校・家政女学校校友会『ニュース　花ぞの』第二号）

抄録された日記によれば、七月三日に佐野実業学校の送別式に出席し、二日後の七月五日に父・六三郎とともに榛原に行き、大石小一郎宅に挨拶して、翌六日に榛原高等女学校の新任式を迎えた、とある。この大石小一郎について、榛原高等女学校の同僚教師・猪瀬松は追悼文「りつ子姉の思い出」のなかで、

（筆者注・小早川りつ子先生は）三島時代の恩師大石小一郎先生のマナ娘としての方でしたが、大石先生も六月二九日急拠病のために御昇天なさいました。二つの霊は天界において、楽しく物語られておられる事と存じます。（『長谷川りつ子記念集』二一三頁）

と述懐し、三島高等女学校時代の師弟関係を明かしている。りつ子の日記には数多く「大石先生」の名前が登場する。後年にカリエスに罹《かか》り、昭和九年（一九三四）七月から始まる信州富士見高原での療養生活中も、大石小一郎との手紙の応答を記録する断章が残されている。りつ子が亡くなる一ヵ月前の一九三五年（昭和一〇）一月四日にも、

「……大石先生始め年賀状を認む」

と綴られている。

次に榛原高等女学校の沿革にふれておく。静岡県立榛原高等女学校は、一九〇九年（明治四二）に「（静岡県榛原郡）川崎町立榛原女学校」として創立され、一九一九年（大正八）に「川崎町外一〇ヵ村組合立高等女学校」に改組されている。りつ子が着任した当時は、この「川崎町外一〇ヵ村組合立高等女学校」が正式名称であったが、日記などの記録を見ると「榛原高等女学校」と略称していたものと推測される。そして、りつ子が辞職した二年後の一九二七年（昭和二）に、学校制度改正に基づき「静岡県立榛原高等女学校」と改称された。

りつ子が奉職したころは、普通科以外に家庭科の課程も備えていた。榛原高等女学校の同僚教師であった中島ちくゑは、

亡き長谷川りつ子様と、相知るようになったのは、大正一二年来である。その年の春四月、滋賀県から転任して来た私がやっと落ち着いて間もないころ、静岡県駿東郡佐野実業学校から御転任になって以来である。学校ではもちろん同輩としての日常を送り、帰れば隣り合わせに宿を求めて、淋しい夜などは謡《うたい》を歌い、語る間に夜を更《ふけ》ることも幾度でしたろう。

沈思《ちんし》の人、寡黙《かもく》の師、職員室でも実に静かな、一見この室《へや》の些事《さじ》に無頓着に似てよく事々を承知していて、表面的でなく、内実にひそむ、或る潜める力の強さを持っている中等教員でした。

仕事に教育に御熱心で、御専攻の学科との関係もあったことでしょうが、実にまめまめしい手の動きを見せて、ある時は縫い物に編み物に、その他手芸等に御堪能でした。

運動としては余暇を見てラケットを振りまわして、ポーンポーンとボールの音も爽やかにコートを駈け廻って、若さに生きる反面《ママ》を遺憾《いかん》なく発揮せられた前途有為《ゆうい》の先生でした。（『長谷川りつ子記念集』二〇四頁）

と、りつ子との出会いと日々の交友の一端を綴り、榛原高等女学校の教諭として若々しく活動する様子を描いている。

関東大震災に遭遇、慰問袋を作る

りつ子が榛原高等女学校に転任して約二カ月後の、一九二三年（大正一二）九月一日午前一一時五八分、相模トラフ沿いの断層を震源とするマグニチュード七・九の「関東大震災」が発生した。一九〇万人が被災し、一〇万五〇〇〇人余の死亡・行方不明者が出るなど、二〇一一年（平成二三）三月一一日に発生した「東日本大震災」以前では、日本の災害史上最大級の被害をもたらした。

静岡県下では駿東郡が死亡・行方不明者二一三人、全壊一、四九八戸、半壊八、七八六戸など最大の被害を受けた。その駿東郡は、りつ子が二ヵ月前まで在職した佐野実業学校が所在する地域である。日記には、

①一日（曇）　一一時稀なる強震、野外に露宿す。一家無事にて嬉し。

②二日　きのうより引き続き地震、露宿す。夜中も強震あり。盗難等にて凄し、箱根より避難民来る、見るも哀れ深し。

と生々しい体験が寸描されている。しかしこの簡潔な記述からは自宅で大地震に遭遇したのか、榛原高等女学校あるは寄宿舎に所在していた時なのか、定かではない。なお、日記には「九月」の見出しが脱落しているが、前後の記述から「九月一日、二日」の日記と推定できる。注目すべきは地震発生に続く、

「九月一〇日（晴後雨）　慰問袋製作」

「一一日（晴）二年運針、三年部縫い仕立て上げ（後略）」

との記載である。日本での「慰問袋」は、日露戦争時の一九〇四年（明治三七）三月一五日に一〇〇個を佐世保鎮守府司令長官宛に送ったのが最初とされる（『石井研堂著『明治事物起原』一〇八二頁）。軍用以外の慰問袋の贈与の事例として、山口睦は「慰問袋の福祉的利用についての一考察」（日本文化人類学会第四七回研究大会）で、

①一九一四（大正三）東北九州災害

②一九二三（大正一二）関東大震災

③一九三四（昭和九）室戸台風による関西風水害

の三つの事例を列記し、①の「東北九州災害」で東北九州救済会の慰問袋募集の記事を掲載するだけだった新聞社が、②の「関東大震災」では「自ら義捐金《ぎえんきん》、慰問袋の募集をした」と指摘している。

未曽有の被害に直面した関東大震災では、各新聞社の呼び掛けに呼応した慰問袋の製作が全国各地で行われたものと想像出来るが、具体的な記録として、

①松坂屋の東京上野店が大震災の翌日に類焼したにもかかわらず、救護活動に積極的に取り組み、一五日に慰問袋一〇万袋を配布。

②鐘紡が、現金、食糧、縮緬浴衣、布団などを（政府に）寄贈し、慰問袋や簡単服を作って罹災者に配給、販売した。

③日本三毘沙門で名高い真言宗最勝寺（栃木県足利郡三重村、現・足利市）の沼尻憲章師が、秋の大祭を前に「祭典の御賽銭の全てを罹災児童に寄付したい。また清い慰問の一袋を御賽銭にいただきたい」と呼び掛け、信徒三、〇〇〇人は一夜にして慰問袋の山を積み、沼尻住職はただちに東京下町の霊岸《れいがん》小学校などに配布した。

など、多彩な形で実施された慰問袋の製作と配布の実態が伝えられている。それは山口睦が慰問袋と同時に実行された義捐金に対して、「施行《せぎょう》という近世的伝統を超えた、近代社会になってこそ可能になった新しい支援のかたちといえるだろう」（日本文化人類学会第四七回研究大会）と指摘するように、軍用以外の災害時の慰問袋が果たした社会福祉的役割は大きいものであったといえよう。

りつ子の日記にある、この榛原高等女学校を中心とする慰問袋の製作配布がどれほどの規模であったのかは不明であるが、裁縫等の授業を受け持つりつ子が先頭に立って「慰問袋」製作に取り組んだであろうことは、容易に想像できる。のちに長谷川良信と出会い、マハヤナ学園を中心とするさまざまな社会事業に取り組む以前に、りつ子がこうした体験をしていたことは注目に値するといえよう。

良信、関東大震災の悲報に、留学から帰国

時系列の上で、少し逆戻りするが、ここで良信の動向を抄録する。良信は前述したように一九一五年（大正四）に宗教大学を卒業し、東京市養育院巣鴨分院へ就職して、社会事業の実践の第一歩を踏み出したが、半年後に結核を患《わずら》い、房総半島南端の養育院安房分院で、一年近く療養生活を送った。そして一九一六年（大正五）年二月、『浄土教報』に「社会事業に於ける人材養成の急務」を発表し、宗教大学に「社会事業科」の開設を提言した。

そして提案一年後の一九一七年（大正六）二月、宗教大学に「社会事業研究室」の設置が決定し、翌年四月に矢吹慶輝初代主任のもとに正式にスタートし、良信は理事に迎えられたのである。

さらに理事就任の一ヵ月前に、東京府から「東京府慈善協会第二部主査および巣

鴨方面救済委員」を委嘱された。任務は東京府西巣鴨のスラム地区住民の生活状況の調査と対策の検討であった。良信は徹底的な調査を開始し、スラム住民の貧窮生活の実態を知ると、同年一〇月に大学近くの通称「二百軒長屋」に単身で移住し、セツルメント活動を展開した。セツルメントとは、スラム街に定住し、貧民と人格的、日常的接触をして、彼らの生活改善、福祉の向上を図ることであった。

りつ子が五〇日間の腸チブスの療養を終えて、佐野農業補習学校へ就職したのは、その一ヵ月後の一一月であった。また、同じ一一月の一一日には人類史上初の世界大戦である「第一次世界大戦」が終結し、四年におよぶ悲惨な戦争への反省と、再び平和がもたらされたことを喜ぶ気運が日本を初め世界中に盛り上がった。

りつ子と良信は、新時代の到来を予感させる世相のなかで、時を同じくして、それぞれの新天地で新たな第一歩を踏み出したのである。

良信は移り住んだ通称「二百軒長屋」に、翌一九一九年（大正八）一月に「マハヤナ学園」を創設。自ら園長に就任し、セツルメントを組織的、継続的に展開し、一九二〇年（大正九）四月に、マハヤナ学園に託児所を開設し世間の注目をあびる。

こうした精力的な活動が評価され、一九二二年（大正一一）の内務省嘱託ならびに浄土宗海外留学生に選ばれ、欧米の社会事業研究のため、三月に春洋丸でアメリカに向かった。良信は、

①一九二二年五月〜一一月……シカゴ大学社会事業科に学ぶ。
②同年一一月……ドイツに入国。ベルリン女子社会事業学校に学ぶ。
③一九二三年八月……ベルリン女子社会事業学校修了。

と順調に「欧米における社会事業の研究」を進めていた。その時「関東大震災」の悲報が届き、甚大な被害の状況や、マハヤナ学園の被災の第一報を知る。

報道や通信の発達した今日とは異なり、約一〇〇年ほど昔の遠く離れたドイツにあっては、関東大震災の正確な被害情報や、心血を注いで立ち上げたマハヤナ学園の現況を正確に把握できるものではなかった。良信は衝撃を受け、対応策に思いを巡らし、焦燥に駆られたであろうことは想像に難くない。良信は決意し、ただちに留学予定を変更して、シベリア鉄道経由で帰途につく。

関東大震災により、りつ子の母校「共立女子職業学校」も、同窓会が総力をあげて建設した寄宿舎が倒壊し、六名の職員と六八名の生徒が犠牲となった。関東大震

災は一〇万人余の犠牲者だけではなく、多くの人の人生航路を変化させたが、急ぎ帰国した良信も、運命の糸に導かれるようにして、一年半後にりつ子と結婚する。

舎監となり、女生徒に慕われる

りつ子の榛原高等女学校時代の活躍の一面として、

榛原高女へ転任後は、舎監もやり、地方改善講習、その他の講習会等にもよく出席され、時には神戸その他の地方へまで出かけるほどの熱心振りで、また、よく教え子の世話をして女生徒の間では大いに慕われて、いろいろ一身上の事まで相談を受けたりして……。（『長谷川りつ子記念集』一九四頁）

と、『長谷川りつ子記念集』小伝では記し、りつ子が寄宿舎の舎監をしていたことを伝えている。榛原高等女学校は旧制の県立女子校であるがゆえに、静岡県内外からの生徒が寄宿舎生活をして、勉学に励んでいたものと思われる。前任地の佐野実業学校は近距離であったため、自宅のある三島町から通勤できたが、新任地の榛原高等女学校は遠隔地にあり、電車・汽車を三島↓沼津↓富士↓清水↓静岡↓藤枝と乗り、藤枝からバスで榛原に向かわねばならなかった。そのためりつ子は自宅を出て寄宿舎の舎監となったものと推察される。

たまたま三島に帰省した折りのことと思われるが、日記にも、

大正一三年一月二一日（晴）　九時一〇分登校す。五時二〇分三島発電車、六時沼津発汽車、八時二〇分藤枝発自動車、乗物の疲れか心地悪し。四時父の起床朝食の準備までしていただいてもったいなさに涙ぐましくなる。五時一〇分前、姉も起床手伝う。

と記録があるように、自宅からでは、九時一〇分の登校のために、早朝五時二〇分に伊豆箱根鉄道駿豆線の三島発電車に乗り、沼津で東海道線に乗り換えて藤枝まで二時間の汽車の旅、そして藤枝から榛原高等女学校に到着するまで、三島駅から合計四時間余を要したのだ。

舎監への就任はこの遠距離通勤が要因と思われるが、三島高女時代からその人となりを熟知していた恩師大石小一郎教頭の推挙とも考えられる。りつ子の一年半余の舎監としての体験が、やがてマハヤナ学園で活かされるのである。それにしても、りつ子の早朝出発を気遣う父・六三郎や、姉・もと子の様子が微笑ましい。

四　りつ子と良信の結婚

関東大震災後の二人の活躍

りつ子が七年間にわたる教員生活に終止符を打ち、長谷川良信と結婚したのは、一九二五年（大正一四）六月、りつ子が二六歳で良信が三五歳の時であった。『長谷川りつ子記念集』所収の「略年譜」によれば、「（大正）一四年六月、渡辺海旭、大場平一郎両氏の媒酌に依り、長谷川良信氏と結婚す」とあり、良信は宗教大学および人生の恩師「渡辺海旭」を媒酌人とし、りつ子は佐野実業学校の校長「大場平一郎」を媒酌人としている。

日本で初めて行われた一九二〇年（大正九）の第一回国勢調査によると、当時の初婚年齢は男性二五・〇歳、女性二一・二歳であった。この統計結果からみると、りつ子も平均年齢よりやや遅く、良信はかなり遅い結婚であったといえる。

もっとも、良信の場合は二五歳で大学を卒業してすぐに、激務の社会福祉施設に勤め、半年後に肺結核を患《わずら》い、二六～二七歳で入院生活を余儀なくされていたし、快癒したのちは西巣鴨の二百軒長屋を中心にセツルメント活動等に没頭し、三二歳でアメリカ、ドイツへ一年以上遊学していたので、結婚を考える暇《いとま》もない状況であった。

良信は関東大震災を契機に、急遽、留学予定を変更して帰国を決意。シベリア鉄道経由の帰途に病を得て奉天で入院治療し、一九二三年（大正一二）一二月に日本の地を踏む。その時の心境を次男の長谷川匡俊は、

あまりの惨状に愕然とし、「マハヤナ学園」創設以来の七年の歳月が無に帰し、また最初の第一歩からやり直しか、という無念さがひしひしと感じられる。とはいえ、良信は立ち直るのも早かった。矢継ぎ早に「マハヤナ学園」再建のプランを出し、これを精力的に実行していく。もちろん、大震災後の東京の焦土復興と同じように一挙というわけにはいかなかったが、良信の獅子奮迅の活

動もあり、学園は驚くべき速さで再建されていった。

（長谷川匡俊『トゥギャザー　ウイズ　ヒム』九五頁）

と記している。具体的には、マハヤナ学園内に「大乗女子学園（夜間）」を創設し、隣保事業の延長として、勤労女子の教育に乗り出したことなどを指す。それは良信がドイツ留学の折りに学び見学した成果の発露でもあった。帰国翌年の一九二四年（大正一三）はマハヤナ学園関係だけでも多忙を極めていたが、良信はさらに、結婚二カ月前の一九二五年（大正一四）四月に宗教大学の教授となり、社会事業研究室の主任にも就任し、

『社会事業概論』を出版したり、『浄土教報』などに欧米の社会事業の実状を盛んに発表したのもこの年で、「新進の学者」として注目を集め始めている。

（長谷川匡俊『トゥギャザー　ウイズ　ヒム』一〇一頁）

という状況であった。一方、りつ子は榛原高等女学校の教諭として、また同校寄宿舎の舎監として活躍をしていた。この遠く離れた二人を結婚にまで結び合わせたものは、いったい何だったのだろうか。

「うちの良《りょう》は当てましたヨ」

二人の結婚に至る経緯の一端を伝えるエピソードを、りつ子の死を追悼する座談会の中で、大場平一郎と齋藤某、古仁所匡の三名が発言している。

齋藤　では、奥様（筆者注・りつ子）の結婚当時のことについてお話しいたします。はじめ、園長（良信）さんはりつ子先生との結婚をあまり好まぬ風でした。これを納得させるようにしたのが、長谷川（良信）先生のお母さんです。

大場　そうです。はじめ、お母さんと大河内さんが三島に「見合い」に来て、そのあとで大河内さんと校長さん（良信）が談合にきたのです。

齋藤　結婚は伝通院でした。その後日曜を利用して榛原高女から来り、その時々しか来られぬ多忙のなかにも、よく学園の細部まで気付き、一心に働かれました。

校長さん（良信）のお母さんに褒められる人は、あまり多くはありませんのに、そのお母さんから出来るだけの賛辞と、最大級の賞讃を受けたのです。（後略）

あるいは「過分な嫁」、あるいは「仏の引き合わせ」、あるいは「事業の人」と言われまして（後略）。

古仁所　そうです。よくお祖母さんから、「うちの良は当てましたヨ」といって、お嫁さんを褒められるのを聞きました。

（巣鴨女子商業学校・家政女学校校友会『ニュース　花ぞの』第二号）

座談会（今回、確認できた新資料）での齋藤、大場、古仁所の三者の発言からは、良信とりつ子の縁談がどのような機縁で開始されたのか、また、長谷川家と小早川家の両家の対応はどうであったのか、などの詳細は不明だが、少なくとも、三島の小早川家を最初に訪問したのが「（良信の）お母さんと大河内さん」であったことがわかる。そして「（良信の）お母さん」がりつ子および小早川家との婚儀を気に入り、それゆえに縁談を進め、「そのあとで大河内さんと校長さん（良信）が談合にきた」と読みとれる。結婚したあとの言葉ではあるが「（良信の）お母さん」の、

「うちの良は当てましたヨ」

との誉《ほ》め言葉は最高の賛辞であると言えよう。

この追悼座談会はりつ子の四十九日忌にあたる、一九三五年（昭和一〇）四月一日に、巣鴨女子商業学校・家政女学校の別館階上の広間で行われ、出席者は「女学校、社会部、本園、別館、各分園の全員、並びにご来賓」であった。冒頭に大場平一郎教頭（当時）が、

「……今日は四十九日、悲しみも一通り静まりましたこの時に、静かに奥様の全生涯を顧みて、ささやかな然《しか》し何物にも代《か》え難《がた》い心からの感想を吐露《とろ》して、もって御霊前に捧げようと思います……」

と挨拶し、出席者各人が故人を偲んで思い出を座談したものである。

また、大乗淑徳学園『四十年の歩み』のなかに、「対談師弟が語る　創立当時の思い出」と題して、吉野正孝と田崎まさ子の対談があり、

田崎　先生、巣鴨（筆者注・巣鴨女子商業高等学校）がもう四〇周年を迎えました（中略）…先生は、大乗女子学院の先生もされたとか。

吉野　そうです。長谷川良信先生が欧米の留学から帰国後、女子教育の必要を痛感

されて、マハヤナ学園内に大乗女子学院を設立したのが大正一三年でしたよ。当時私は東京美術学校（現・東京藝術大学）の学生でしたが、私がかつて小学校の先生だったというところから、教務主任としてこの学校の運営をたのまれたんです。

当時の先生方は、私のほかに和裁で町田さんがいましたが、淑徳高等女学校からも永地待枝先生や、大河内隆弘先生方が応援に来ていました。

（巣鴨女子商業高等学校　四〇周年記念行事実行委員会編『四十年の歩み』二八頁）

とあり、設立当初の大乗女子学院の教師の一人に「大河内隆弘」の名がある。そしてこの「大河内隆弘」は良信の中学時代（浄土宗第一教校）からの親友の一人であり、のちに伝通院第七三世貫主となり、戦災で灰燼に帰した伝通院本堂を再建（昭和二四年）した傑僧であり、りつ子の葬儀委員長も務めている。最初に三島の小早川家を訪ね、再度、良信と同行している「大河内さん」とは、親友・大河内隆弘と考えて間違いなさそうである。

ところで、良信には生みの母「なを」と、育ての母「やす」の二人の母親がいる。

実母「なを」は一八五六年（安政三）生まれで、一六歳で長谷川治右衛門に嫁ぎ、三四歳の一八九〇年（明治二三）に五男の良信を出産した。自立心旺盛で生活力にあふれていたなをは、六男の保を出産したあと、長谷川家を出て治右衛門と別居し、師匠として弟子をとるほどの腕前の和裁で生計を立て、のちに商売まで手を広げ、米穀商としても成功し、この間、収入の一部を長谷川家に残してきた良信ら子供たちに、送金し続けたそうである。それほど気丈な女性であった。良信の結婚話が出たころ、六七歳であった。

養母「やす」は浄土宗得生寺の有力檀家島田家の出身で、得生寺の小池智誠住職のもとに嫁いだが子に恵まれず、六歳の良信を養子として迎え、養育してきた。

二人の母のうち、良信の親友・大河内隆弘とともに、三島に出向いたのはいずれの母であったのだろうか。座談会の応答を検討しても明確ではなく、関連する資料も未見である。現時点で筆者は、実母「なを」が三島に出向き、りつ子の人となりを高く評価し、縁談を進めたものと考えている。

これまで、良信とりつ子の結婚に関しての通説は一番ヶ瀬康子の、

……たまたま、りつ子との縁談がもちこまれた。良信は自分が会うまえにま

ず、大乗女子学園で活動をしていた大場某に依頼、三島のりつ子にあってもらった。その結果、大場某は、たいへんりつ子を気に入り、この結婚を積極的にすすめたということである。（五味百合子編『社会事業に生きた女性たち』二六七頁）

という記述である。しかし前出の資料等を読む限り、

①「大乗女子学園で活動をしていた大場某」すなわち「大場平一郎」が三島を訪ねたのではなく、「（良信の）お母さん」と「大河内さん」が三島を訪問したことを、大場平一郎自身が発言していること。

②大場某が、たいへんりつ子を気に入り、この結婚を積極的にすすめたのではなく、りつ子を気に入り、最初、乗り気でなかった良信を説得したのが「（良信の）お母さん」であること。

③「（良信の）お母さん」と三島を訪ねたのは「大乗女子学園に教えに来てくれていた、親友の大河内隆弘」であったこと。

④二度目に良信とともに訪問したのも大河内隆弘であること。

⑤りつ子は、「（良信の）お母さん」にたいへん褒められていたこと。

⑥付言すれば、大場平一郎とりつ子は大正九年以降、佐野農業補習学校で面識を

得ており（本書三九頁参照）、渡辺海旭に対応する形で、小早川家を代表する媒酌人を依頼している点を考慮すると、この結婚時点でも、佐野農業補習学校の校長職にあった、とも考えられる。

⑦巣鴨女子商業学校で英語を担当した新堀源司は、「（昭和九）三月の職員室の光景を、大場先生が大きな禿頭をかしげて時間割配当に苦心している。長谷川律子先生が何やら大場先生にアドバイスする。わかったらしく先生はほっくりする。大場先生は公立中等学校の校長を停年退職するとここ長谷川校長の下、教頭をしておられる」（巣鴨女子商業高等学校　四〇周年記念行事実行委員会編『四十年の歩み』一二頁）と記している。

⑧大場平一郎が巣鴨女子商業学校教頭となった時期は不明だが、良信とりつ子の結婚ののちに、大場平一郎がマハヤナ学園、ひいては大乗女子学院に関係したのではないだろうか。残されたりつ子の日記を見ると、昭和七年以降にその名が頻出する。もっとも、昭和七年以前の日記は昭和六年一月の一部分しか収録されていないので、断定はできない。

などが判明する。

りつ子の覚悟と仏式結婚式

一方、りつ子は良信との縁談に悩んだという。当時、良信は著書も好評で、新進学者としての名声と大学教授の地位、そして社会事業の旗手の一人として高く評価され、大きな期待が寄せられていた。女子教育に携わるりつ子は、マハヤナ学園の運営や、「大乗女子学院（夜間）」の創設による勤労女子の教育など、良信の活躍と動向を耳にしていたかも知れない。

しかし良信の気宇の偉大さと、社会事業を中心とする幅広い仕事内容を知れば知るほど、果たして自分の能力で無事に妻としての役割が務まるのだろうか、と深く悩んだのである。

なぜなら、良信の妻になるということは、単に大学教授夫人となるのではなく、夫・良信とともに、その幅広い仕事を取り仕切り、一切を引受けることを意味するわけであるから、普通の女性であれば、尻込みをしたり、躊躇するのはごく自然なことであったと言えよう。しかし、考えぬいたあげくに、りつ子は結婚を決意し、その決意はかなり固かったようである。（五味百合子編『社会事業に生きた女性たち』二六七頁参照）。この決意がいかに固いのものであったかは、のちのりつ子が病いを押してまで命をかけて働き続けるあり方をみると、よくわかってくるのである。

長谷川良信と小早川りつ子の結婚式は、以上のような経緯を経て、一九二五年（大正一四）六月、渡辺海旭と大場平一郎両名の媒酌のもとに行われた。このころの結婚式の多くは自宅で行われ、和装がほとんどであった。一九〇〇年（明治三三）に時の皇太子（のちの大正天皇）の結婚式が初めて宮中賢所《かしこどころ》大前で挙行され、神の前に夫婦の誓いを立てる結婚の儀「神前結婚式」が国民の大きな関心と反響を呼んだ。これに応じて東京大神宮で皇室の婚儀を参考にして、民間での「神前結婚式」が創設され、次第に普及した。さらに欧米文化の流入とともに、雑誌にウェディングドレスが登場するようになり始めたのが、この大正時代末期であった。

また、仏式の結婚式は一八九二年（明治二五）に浄土真宗本願寺派の藤井宣正が東京白蓮社会堂で挙式したあと、仏教各宗派に普及したものである。二人の結婚式は、浄土宗の古刹伝通院（現・東京都文京区）で、仏式によって行われた。

五　社会事業に生き、良信を支える

車の両輪としての役割

良信と結婚したあとのりつ子は、立ち止まる間もなく、良信の社会事業を中心とする、さまざまな仕事をこなしていくことになる。社会福祉学者の吉田久一は社会事業における女性の役割について、

現在社会事業に貢献した人物の伝記はかなり多いが、女性のそれは不当に少ない。社会事業の性格上、男性だけでは仕事ができるはずはない。それは内助の功などといった程度のものではなく、いわば車の両輪の関係というべきであろう。

（五味百合子編『社会事業に生きた女性たち』所収、吉田久一「跋」二九七頁）

と指摘している。本書でこれから述べる結婚後のりつ子の献身的な努力も、まさしく夫・良信の諸事業に向けられ、内助の功をはるかに凌駕するものであったと言えよう。その仕事ぶりについて、『長谷川りつ子記念集』の編集責任者・四湖山《よこやま》秀暢は「小伝」のなかで、

①妻として夫の身辺の世話、②主婦として家庭の取り締まり、親戚友人の交際、③舎監、教師、④会計、⑤人事相談係、少年保護司、町内人世話等々、全くめまぐるしいものであった。⑥かつ料理、接客、応酬《おうしゅう》（筆者注・手紙のやりとり）などに最も得意であり、⑦また自身には実子はなかったが、諸方から委託された孤児等のためには、よき『母』として、よく之等孤児の面倒をみてやったものである。（中略）⑧晩年は、マハヤナの事業の拡充に伴い、諸般大多忙で、朝から晩まで寸暇のない生活のために食事も不定となり勝ちで、大概昼飯ヌキで、いつも帳面をフトコロ一杯にふくらませて、せっせと立ち働いておられたものである。

（『長谷川りつ子記念集』一九四～一九五頁　①～⑧の付番筆者）

と回顧している。このりつ子が燃えつきるように逝去した直後の臨場感あふれる述懐には、りつ子の働きぶりを間近で見ていた四湖山秀暢ならではの哀悼の念と心情

がうかがえる。

りつ子はまさしく良信の多面的な仕事を全力でこなし、良信とともに車の両輪としての働きをして、良信の社会事業や教育事業の草創期を支えたと断言できよう。

良信の「宗教」「研究」「教育社会事業」活動

本書ではこれまで、りつ子の成長に合わせて、その対極に位置する良信の折々の動向を点描してきたが、ここで改めて良信の広汎な事業展開を（1）宗教者、（2）研究者、（3）教育・社会事業家の三方面から整理し、結婚後にりつ子が担った役割を確認してみる。

良信は二九歳の一九一九年（大正八）にマハヤナ学園を設立してから、七六歳で逝去するまで、宗教・教育・社会事業の三位一体の理念にもとづき、社会開発・人間開発を目指し、多くの事業に取り組み、さまざまな実践活動を展開した。

（1）宗教者　後年には、①浄土宗得生寺（現・茨城県桜川市真壁町）での真壁保育園の開設。②戦後の引き揚げ者等を受け入れた景久院（現・東京都文京区）住職。③第六〇世住職として地域活動等に積極的に尽力した檀林大巌寺（千葉県千葉市）の住職。④その間に三回ブラジルへ渡航し、サンパウロに日伯寺建立。⑤ブラジル各地での布教活動並びに障がい児施設の開設など、宗教家としての広汎な活躍と成果に目を見張るものがあるが、りつ子と結婚した時点から、宗教者としての本格的な活動が始まったと言えよう。

（2）研究者　若き日から研究活動を活発に行い、アメリカやドイツへ留学し、当時の先進的な社会事業や社会政策を学び、その成果を数多くの研究論文に発表。セツルメントや女子教育の実践に生かしていった。なかでも特筆すべき出版は、一九一九年（大正八）発行の『社会事業とは何ぞや』である。日本で最初の社会事業概説書であり、文中に、「フォア・ヒム（彼のために）ではなく、トゥギャザー・ウィズ・ヒム（彼と共に）でなければならない」という、実践から生み出された良信の有名な理念が記されている。

（3）教育・社会事業家　良信は教育と社会事業を一体と捉え、多岐にわたる事業を精力的に展開した。よし子と結婚する前に、良信が取り組んだ主なものは、①一九一九年（大正八）マハヤナ学園を創設

②一九二四年（大正一三）マハヤナ学園内に大乗女子学院（夜学）創設
③一九二五年（大正一四）大乗女子学院を巣鴨家政女学校に改組
④一九二五年（大正一四）「第七回全国社会事業大会」への参加

などであり、マハヤナ学園を基軸とする活動は六年余の実績を積み重ねていた。なかでも②「大乗女子学院（夜学）の創設」と、③「巣鴨家政女学校」の改組は、女子の本格的な実業教育の始まりであり、良信にとって、国の政策が遅れていた「女子教育」に力を入れるという重要な意味を持っていた。その「巣鴨家政女学校」への改組・開校が、りつ子との結婚二ヵ月前に行われ、りつ子は結婚と同時に、マハヤナ学園を中心に、さまざまな仕事を並列的にこなしながら、新生したばかりの巣鴨家政女学校に対応しなければならなかった。

巣鴨家政女学校の開校と、女子教育の取り組み

りつ子は一九二五年（大正一四）六月、結婚と同時に開校間もない「巣鴨家政女学校」の教員となり、新たな教員生活を始め、仕事も生活そのものも、西巣鴨のスラ

ム街である通称二百軒長屋でスタートを切った。

しかし、もはや学業を教えているだけの教師の立場ではない。マハヤナ学園の雑務に対応しながら、いずれ、巣鴨家政女学校に慣れるにつれて、学校の会計や事務諸般もこなさなければならないのは、火を見るより明らかだった。まずは結婚生活と職場の新たな環境に慣れるように努力し、学校で家事を教授するときには、八百屋や魚屋に生徒を連れて行き、実際に買い方の指導を行っている。また、担当していた裁縫は洋裁ではなく、主に和裁であった。

りつ子が勤め始めたころの「巣鴨家政女学校」は、教育機関としてよりも、社会事業・社会教育としての役割や理念が強かった、と言える。良信が当初目指したものが、スラム地域での女性の生活力や職業力の向上であったからである。すなわち、貧困から脱するには、女子も仕事をして収入を上げていくことが、家庭の充実や子どもの育成にとって重要だとする考えである。

女性が学術を身に付け、収入に結びつけていくという考え方は、この時代において、全く新しい発想であった。こうした良信の発想や理念は、留学先のアメリカやドイツなどでの実地体験と学習で学び得た知見が大きく影響したものである。今日では男女の差がなく、女子教育は当たり前であるが、当時、女子だけが学ぶ学校の設立は、周囲の人々の賛同を得にくく、困難を極めた事業であった。

さらに、単に女子が学ぶ道をつくるだけではなく、裕福な者が学ぶのが当たり前の時代に、最貧困ともいわれる家庭の女子が学校で学ぶこと自体が、容易に受け入れられるものではなかった、と言えよう。

しかし、りつ子は佐野実業学校などで、学齢期の年齢をすぎた勤労青年や、諸般の事情によって尋常小学校を中退したり、未修学であった生徒たちなど、教育機会に恵まれない人々を教えてきた経験を持っていた。そのため、富める者も貧しき者も区別なく学べる場の提供の必要性を理解し、良信の考え方にすんなりと賛同し、協力したと思われる。それは、夫を支える妻の強い責務としてだけではなく、女子教育事業の意義や意味を十分に理解できるからこそ、なし得たことと言えよう。

言い換えれば、りつ子の一〇年にわたる結婚生活のなかで、夫にして社会事業家・社会教育家の良信の多岐にわたる事業を、車の両輪のごとく支えたりつ子には、天性の社会事業家・社会教育家の資質が備わっており、良信との出会いによって触発され、大きく現れたものと思われる。社会福祉学者一番ヶ瀬康子が社会事業の歴史に残る女性たちを三分類したが、その第三の「妻としての役割を担い、夫の社会事業を内側から支え、社会事業を進めた人」（五味百合子編『社会事業に生きた女性たち』二六五頁）そのものの姿であった。

良信の社会事業の発展とりつ子の活躍

りつ子と結婚した大正末期から昭和初頭にかけて、良信の社会事業は、基礎固めを終え発展の時期を迎えていたと言える。日本の社会事業成立期の機動力としての役割を果たし、最も活発に文筆活動も行った時期である。良信の活動とりつ子との関係について、一番ヶ瀬は、

いかに良信が、超人であっても、おそらく一人では不可能であったということができよう。りつ子のその献身的ともいえる支えと活動によって、はじめてなしえたものではないだろうか。りつ子が、現場にあって、いっさいの雑務を処理し、人の和をはかり、しかも良信をわずらわさず、さらに金銭管理がもっ

とも不得手であったといわれていた良信をカバーしてこそ、可能であったときいている。」（五味百合子編『社会事業に生きた女性たち』二六八頁）

と記述し、この良信を支えながら活動的に教育や社会事業に取り組むりつ子の人柄を、マハヤナ学園関係者から直接的に、

どんな苦労も苦労としないで、いつもにこにことして日々を送っておられました。内側に、心の芯をしっかりともった人で、決して弱音をはかずまた良信に、いかなる場合も文句をいわなかったようです。

（五味百合子編『社会事業に生きた女性たち』二七二頁）

と聞き取っている。次に、大正末期から昭和初期にかけての、良信とりつ子の活動を列記する。

（1）第七回全国社会事業大会

りつ子との結婚直前に、中央社会事業協会主催の「第七回全国社会事業大会」が開催された。関東大震災の発生により延期となっていたもので、一九二五年（大正一四）五月一三〜一五日の三日間、東京で開催された。この大会への参加は、良信

の「社会事業家」としての活躍を語るとき、無視することの出来ない、大きな意味を持っている。大会は六部会で構成されていた。

良信が事前に提出した一四の議題は、①第一部会「児童保護」に二議題、②第二部会「教化」に三議題、③第三部会「経済施設」に一議題、④第四部会「衛生」に二議題、⑤第五部会「救護」に一議題、⑥第五部会「経営及び連絡」に五議題、というように、六部会すべてに提出されたため、出席会員に良信の社会事業の幅の広さと見識の高さを再確認させる結果となった。

（2）マハヤナ学園の発展と地域社会改善運動

①良信の社会事業の拠点である「マハヤナ学園」がこのころ、大きく発展し、驚異的な拡大をとげている。りつ子が「巣鴨家政女学校幹事」に就任した翌二月（昭和二年）に、マハヤナ学園の分院として「東小松川隣保館」を創立し、経営に着手した。

②一九二七年（昭和二）三月、数年来のスラム街改善運動が実を結び、「不良住宅地区改良法」が公布となる。そして良信は関係方面への懸命の努力を行い、その結

果、西巣鴨の「二百軒長屋」が荒川区三河島の通称「千軒長屋」とともに、モデルケースに選ばれた。その後「二百軒長屋」の改良工事が昭和三年に始まり、同七年に四棟の鉄筋コンクリート三階建公営アパートとして、生まれ変わっていく。

③一九二八年（昭和三）四月、西巣鴨六区長・町内会長に就任する。これこそ良信の隣保事業が、町ぐるみの地域社会改善運動として定着したことを如実に物語るものであった。

④一九二九年（昭和四）八月、マハヤナ学園に別館を建設。

（3）巣鴨家政女学校の第一回卒業

一九二八（昭和三）三月、巣鴨家政女学校の「第一回卒業生」を迎え、りつ子は送別会を兼ねて、越ヶ谷梅林に出かけた。また、翌四年五月には巣鴨家政女学校の最初の制服を手作りした。りつ子が羅紗の生地を購入してきて、洋裁の時間に各自が制作した。

（4）少年信愛会

▲1928年（昭和3）3月。第1回卒業生と越ヶ谷梅林へ。
（右端・長谷川りつ子）

次に、りつ子が実質的に少年、少女の支援活動と運営を行っていたマハヤナ学園と姉妹法人である少年信愛会についてみておきたい。良信が会長に就任し、一九二九年（昭和四）四月に少年司法保護団体「少年信愛会」が結成された。

「少年信愛会」の結成前からりつ子は、「東京少年審判所少年保護司」の嘱託を受けていた。結婚した一九二五年（大正一四）一〇月のことである。「少年保護司」とは、一九四九年（昭和二四）に家庭裁判所ができて、旧少年法にもとづく少年裁判所が廃止となるが、少年の保護処分を司る行政機関の職員で、少年の保護・観察や調査報告作成など審判に関与

▲巣鴨家政女学校の最初の制服（昭和４年５月）。
（下段右端から２人目りつ子。中央は藤井実応先生）。

する者であり、現在の家庭裁判所調査官にあたる。「嘱託少年保護司」は、民間の篤志家などに少年保護司の事務を依頼するものである。現在の保護司の前身といえる。

わが国の少年法（旧少年法）は、アメリカの少年裁判法の影響を受け、一九二二年（大正一一）に成立し、一九四八年（昭和二三）に、現行の少年法（新少年法）に改正されるまで、二六年間にわたって運用された。この法律では、一八歳未満を少年とし（新少年法は、少年を二〇歳未満の者と定める）、検事が刑事処分か保護処分かに振り分け、保護処分とされた者を「少年審判所」（一九二三、大正一二年に開庁した行政機関）が審判を行う。少年保護司は、少年審判官から命じられた少年の環境や資質を調査し、処分の執行と監督、観察を行った。

新少年法の保護処分は、①保護観察、②児童自立支援施設送致、③少年院送致と三種類に限られた。しかし旧少年法では、①訓誡、②校長の訓誡、③書面による改心の誓約、④保護者に対する引渡し、⑤寺院、教会、保護団体または適当な者への委託、⑥少年保護司の観察、⑦感化院送致、⑧矯正院送致、⑨病院送致または委託、という九つの保護処分に分けられていた。この対象となるのは、犯罪少年と虞犯《ぐはん》少年（将来、法を犯す虞《おそ》れのある少年）に限られ、保護処分の⑤にある保護団体または適当な者への委託や、⑥の少年保護司の観察がりつ子や少年信愛会の仕事となる。⑤について、

（少年）保護団体とは、民間篤志家の経営によるもので、少年審判所から少年の委託又は仮委託（少年の身柄に対する仮処分）を受けて、少年を収容して保護監督にあたる、司法省認可の私設保護機関のことである。一八九〇年、刑余者を監獄内に留置する制度を廃止して以来、釈放者の保護は民間の有志の慈善事業に委ねられることになる。（徳岡秀雄『少年法の社会史』八〇頁）

と当時の制度の狭間において重要な役目を、民間の少年保護団体が担っていることがわかる。保護処分の引き受け手としての少年保護団体は、一九二二年（大正一一）以降、設立が続き、良信の恩師・渡辺海旭も「少年啓成会」を組織している。

このように民間の事業とはいえども、大きな役目を担う少年信愛会は、一九三二（昭和七）年度の事業概要によるとマハヤナ学園内に事務所を置き、男子部を板橋区板橋町（昭和四年六月に小石川にあったものを昭和六年に移した）に、女子部をマハヤナ学園内の別館に置き、それぞれの寮をりつ子が主任という立場で監督し、特に女子部を切り盛りしていた。

男子、女子と二ヶ所の生活寮と埼玉県に農園と東京の西巣鴨に工業訓練をするための授産工場を有していた。保護した少年少女の性格等に応じて園芸や工業訓練指導を行った。一九二九年（昭和四）に結成された時には、男子二六名、女子四名。一九三〇年（昭和五）には男子三一名、女子一名。一九三一年（昭和六）には男子四二名、女子四名が入所していた。ここへ入所しているのは、

（一）東京少年審判所の委託による者

（二）家庭や個人から教養を身につける依頼があった者

（三）行政機関から保護の依頼があった者
（四）その他の所で入所の保護が必要だと認めた者
のどれかに当てはまる者であった。また、ここの経営を成り立たせているのは、司法省の補助金、行政の助成金、会員の負担金、会費や篤志家からの寄付によるものであり、厳しい経営はマハヤナ学園の本体と同様であった。（マハヤナ学園六十五年史編集委員会『社会福祉法人　マハヤナ学園六十五年史　資料篇』六五〜六七頁）。

ある日、良信に宛ててりつ子が手紙を書いている。そこには、

本年三〇歳の男、何度か刑務所入りして、ついに南千住警察より私の方へ、引きとれとの命により尋ねれば、本人がマハヤナ学園にいたと言うので、ともかく引き渡すとの事、よくよく尋ねて渡辺先生（筆者注・良信の恩師の渡辺海旭）の書生で、マハヤナの名を耳にしていたので出まかせのうそとは判明しましたが、ともかく引きとって、今働かせて三度の食事もやって、五〇銭手当を渡して、「ぬすみするな」といましめて働かせています。こうした人達が国費の御やっかいにならず、どうにか働いてくれるようになれば、心から嬉しうございます。
（『長谷川りつ子記念集』一四七頁）

と書かれている。三〇歳ともなれば大人である。少年ではない者の面倒までみていたことがわかる。普通ならば、嘘をついたことを非難する言葉が出てくるところではないだろうか。さらに私費で運営している少年信愛会に預かりながら、「国費を使わずに働いてくれるようになれば、心から嬉しい」と言うところに、りつ子の視点の大きさがわかる。

大人であろうと、子どもであろうと、どんな人でも人々の自立を何よりの喜びにしているりつ子であった。同じ手紙の最後には、「信愛会の方も、女の子一人だけは、最近ようやく仕上がりましたようです。審判所ももう手を離れました。」と綴り、心から少女の更生、自立を喜び、離れている良信に伝えている。

一方、一九三一年（昭和六）一月一二日のりつ子の日記には、「八重子がどうしたのか帰らぬのは唯一の心配。主人に話しても、余分な心配かけると思って、騒がずにひとり思案顔。そのうち帰るだろうが……今日も何処で遊んでる事か、悪い事だけはしてくれぬように念じてやまず。」（『長谷川りつ子記念集』四一頁）と順調ばかりとはいかずに、子どもたちに振り回されながらも優しく見守る様子が感じられる。子どもたちを信じ、焦らずに待つ姿勢に頭が下がる思いである。

少年信愛会を取材した日刊紙『万朝報《よろずちょうほう》』（一八九二、明治二五年創刊）の記者は、

> 吾には田に畑に同じく蒔いた種子からも変種を生ずることを発見する。と同様に社会の待遇や、家庭の環境又はその他の刺激に伴って、必ずしも純良な子供ばかりをこの社会に期待することは出来ない。弱き心を悪魔に魅せられその餐宴に知らず知らず列して行く子供達、その迷羊にも等しき少年少女等の啓発と矯正とは社会共同の責任ではなかろうか、マハヤナ学園が自ら進んで信愛会をその機関たらしめたことは、淳風良俗まさに地を払い見栄と物欲の渦巻たる現代社会に対して捧げた純潔な正義の贈物であった。（マハヤナ学園六十五年史編集委員会『社会福祉法人　マハヤナ学園六十五年史　資料篇』七五頁）

と記しており、犯罪や非行に走る子たちや信愛会の存在意義をよく理解し高く評価している。十分な役割を果たしていた少年信愛会であったが、一九三八年（昭和一三）一〇月二六日に「事業閉鎖に関する件回答」を東京少年審判所の石井所長宛に提出し、その前後に閉鎖することとなった。閉鎖の理由は、運営する幹部の間での運営方針等の違いによるところのようである（マハヤナ学園六十五年史編集委員会『社会福祉法人　マハヤナ学園六十五年史　資料篇』一六四～一六七頁）。

（5）私設社会事業連盟の設立と活動

良信は一九二九年（昭和四）一二月、有志とともに「東京私設社会事業連盟」を設立して、常務理事に就任。在野の民間社会事業の組織化に着手する。その背景について長谷川匡俊は、次のように指摘している。

この頃の社会事業家の組織体としては、「全国社会事業大会」を主催したことでも分かるように、「財団法人中央社会事業協会」が有名であった。ただこの会は、内務省の影響が強く、民間の社会事業家にとっては不満の多いところであった。そこで良信は、政治や行政に左右されることなく、常に主体的な立場や主張を保証される民間社会事業団体の設立を企図するようになる。

（長谷川匡俊『トゥギャザー　ウイズ　ヒム』一一〇頁）

さらに良信は一九三〇年（昭和五）一〇月、「東京私設社会事業連盟」を母体に、「東日本私設社会事業連盟」「全日本私設社会事業連盟」を結成し、各連盟の常務理事に就任し、組織の輪を拡大して民間社会事業の振興発展に尽力する。一時は「全日本私設社会事業連盟」の事務所をマハヤナ学園に置くなど、先頭を切って活動し、最初に民間社会事業に対する「国庫助成の確立」を目標に掲げた。

良信の必死な取り組みの背景には、「政治や行政に左右されない、主体的な立場や主張を保証される民間社会事業団体」の育成に加え、深刻な社会状況の変化があった。それは一九二九年（昭和四）一〇月二四日の株価暴落（「暗黒の木曜日」）に始まる世界恐慌により、日本も「昭和恐慌」に巻きこまれ、多くの民間事業が経営危機に陥り、対策が急務だったのだ。

第二部「長谷川よし子」で触れるが、よし子は自伝『私の人生を語る』のなかで、「マハヤナ学園実習の思い出」と題して、

マハヤナで実習している頃、思い出に残ることがたくさんあった。（中略）私が西片町から通っている頃、全日本私設社会事業連盟の事務を手伝い、昼近く下に降りて、何気なく炊事場をのぞき、……。（『私の人生を語る』七九〜八〇頁）

と綴り、よし子がマハヤナ学園を手伝っていた、一九三二年（昭和七）四月当時も全日本私設社会事業連盟の事務所が、マハヤナ学園に置かれていたことを伝えている。

（6）欧米の社会事業を視察

良信は一九三〇年（昭和五）、『万朝報』の代表としてロンドン軍縮会議に随伴し、

あわせて欧米の社会事業の視察のため、二月～六月、英・仏・独・米を巡察した。この長期にわたる留守期間中、りつ子はマハヤナ学園や巣鴨家政女学校などの園務一切を統轄した。

（7）社会事業や教育事業に取り組む、りつ子の奥深い人間性

次々に発案する良信の諸事業は発展的に広がっていったが、りつ子は苦労をいとわずに支え続けた。一九三〇年（昭和五）、そんなりつ子を新聞記者が取材した。記者は『万朝報』に「社会事業一巡の記」を執筆した敏腕記者（ペンネームＹＡ生）だった。学園新聞「マハヤナ時報」にりつ子を取材した感想が取り上げられている。

慎ましい態度、おちつきある言辞、清楚な女性の面影だ。本来なら大正大学教授夫人の境遇で当然誰が眼にも有閑階級の若き女性の俤であらねばならぬのだが、簡素な飾らない夫人の身辺には、ヴアニーチイーフエア（筆者注・映画『虚栄の市』の原題）の遊歩者らしい点はミジンも見出し得なかった。飽くまでも混濁の社会に苦闘を続けて事業の興隆に鋭意たる長谷川園長のやさしき半身―それが私の感じた印象だった。（マハヤナ学園六十五年史編集委員会『社会福祉法人　マ

ハヤナ学園六十五年史　資料篇』七四〜七五頁）

日常的には諸事業の資金繰りに奔走し、毎日の仕事に追われることがあっても、他者には清楚な女性として映り、品位漂うりつ子の佇まいが感じられる文章である。多くの社会事業者を取材し、連載してきた記者の目にも、髪を振り乱し、がむしゃらに一心不乱に、社会事業や教育事業に取り組む様子を見せない、りつ子の奥深い人間性が感じられたのであろう。優雅さのなかに、芯の強さを秘めている女性像が鮮やかに描き出されている。そして『万朝報』の記者のインタビューに、りつ子は、

　物質上少しも恵まれない仕事ですから、勿論経営の苦悩はいささかもいといは致しません、が、私達のこうした努力がお役に立って、幾分なりとも社会悪を取り除くことが出来得ましたら、私達は本当に満足だと存じます。皆様の子女を預かる幼稚園や婦人宿泊部、生活現象を赤裸に見せつけられる人事相談など、仕事が仕事だけにその心づかいは、なみ大抵ではありません。それだけに事を成しとげた時の嬉しさは胸一杯に溢れます……。（マハヤナ学園六十五年史編集委員会『社会福祉法人　マハヤナ学園六十五年史　資料篇』七五頁）

と応答している。現代のように社会福祉の知識や技術が体系化されておらず、容易

に学ぶことが出来なかった時代に、自らの工夫と熱意と誠意で他者のために仕事を行うことは、本人も言うように並大抵のことではなかったはずである。

良信と結婚する前に、教師の仕事についていたりつ子にとっては、良信と共に進める新しい事業がどんなに困難であっても、「工夫と熱意と誠意」という、対人援助を行うための基礎的な接し方がすでに構築されていたに違いない。だからこそ、良信は、安心して事業を一心に拡大することができたといえよう。さらに記者は、良信やりつ子を取材し、

民間社会事業団体に於て、現在最も苦痛を訴えている事柄は、事業を継続して行く可き資金調達難である。その苦痛をなめながら、利益は勿論のこと、何等の社会的恩典すら与へられぬ社会事業家が、献身他を顧みることなく、唯々人類相愛の大理想に猪突猛進する姿は、涙ぐましい殉教者の俤《おもかげ》である。選ばれた十字軍の戦士である。（マハヤナ学園六十五年史編集委員会『社会福祉法人　マハヤナ学園六十五年史　資料篇』七五～七六頁）

と述べている。社会事業が一部の宗教家や篤志家といわれる人々が活動することで支えられ、一般的には、認知されていなかったこの時代に、使命感に燃えて勝てる

見込みの薄い戦いに行く十字軍の戦士にたとえられ、りつ子と良信はどのように感じたであろうか。さらに記者は、

殊に隣保事業に携る人々はその事業に対して主観を棄て、欲望を離れ、自我を忘れねばならぬ。この自我の離脱は悲痛からでない。暗黒からでない。唯事業に対する歓喜と憧憬から生まれる。そして犠牲の尊い感念に到達する。犠牲は常に愛の心から発するのだ。自己を人に与へ自己を社会にささげた学園の人達の血脈には真理の泉が流動している如く感じさせられた。（マハヤナ学園六十五年史編集委員会『社会福祉法人　マハヤナ学園六十五年史　資料篇』七六頁）

と記し、長谷川夫妻から大乗仏教の「利他」の精神を感じ得たのであろう。

（8）皇太后陛下より恩賜金を拝受

一九三〇（昭和五）年、マハヤナ学園および姉妹事業である少年信愛会に皇太后陛下より恩賜金を頂くという光栄を得た。良信が外遊中で不在のため、りつ子が青山大宮御所で御下賜金を拝受した。

この「御下賜金の御沙汰」は、マハヤナ学園の発足当初から一二年間続く厳しい

財政状況を助け、また社会事業の活動そのものが認められた出来事である。りつ子と良信、そしてマハヤナ学園にとっての名誉であった。『マハヤナ時報 第六巻一号創立十二周年記念号（昭和五年七月）』には、

皇太后陛下の御恩命を拝す

都下各社会事業団体に対し、畏くも皇太后陛下には、新御所移転の御慶祝として、御下賜金の御沙汰あり、学園及び少年信愛会でも、破格の御恩命を拝し、園長巡欧中につき、長谷川律子夫人は、随行とともに青山大宮御所にて有難き御思召に感泣する処があり、学園一同も、感謝報告の式を挙げた。

と記録し、りつ子の喜びを伝えている。この恩賜金の拝受は、良信の留守の不安を抱えながら、なおかつ多忙に働くりつ子の気持ちをどれほど助けた出来事となったであろうか、想像に難くない。

社会事業功労者として「観桜御宴」に招かれる

以上のように、大正末期から一九三〇年（昭和五）までの良信とりつ子の活動を概

観したが、両者の地道でねばり強い活躍が評価され、翌一九三一年（昭和六）四月、二人は「社会事業功労者」として、皇室主催の桜の鑑賞会「観桜御宴」に招待された。結婚六年目を迎えた二人にとって、これまでの苦労が報われるような喜びであった。「観桜御宴」は皇室行事のひとつで、一八八一年（明治一四）に吹上御所で始まり、一八八三年（明治一六）から一九一六年（大正五）まで浜離宮で開催され、一九一七年（大正六）から一九三八年（昭和一三）まで新宿御苑で開かれてきた。列席した二人の感激は大きく、新宿御苑の満開の桜を見上げながら、共に歩んできた歳月を、誇りを持って回想したものと思われる。

二人のもとで、長年苦楽をともにしてきた四湖山秀暢は『長谷川りつ子記念集』の「小伝」の末尾を、「昭和六年四月、夫君と同列で、畏《かしこ》くも観桜御宴の御召を辱《かたじけの》うしたことは、短い夫人の生涯を飾る、輝かしき光景と言うべきであろう。」（『長谷川りつ子記念集』一九六頁）と結んでいる。

六　巣鴨女子商業学校の設立

東京府知事認可から文部省認可へ

結婚六年目の一九三一年（昭和六）三月一六日に文部大臣に申請し、四月二〇日に文部大臣から甲種商業学校の認可を受け、（財）大乗学園「巣鴨女子商業学校」が設立され、四月二一日に良信の恩師・渡辺海旭が初代校長に就任した。（「巣鴨女子商業学校一覧」昭和一一年七月一日現在、参照）。

一九二四年（大正一三）にマハヤナ学園内に東京府知事の認可を得て「大乗女子学院」（夜学）を創設し、翌一九二五年（大正一四）に「巣鴨家政女学校」に改組してから、念願の「巣鴨女子商業学校」設立までの一二年間について、『四十年の歩み』

では、

この間は家事家政的な経済実務教育の時代である。中等学校としての一人歩きもできず、いわば社会事業、あるいは社会教育としての女子教養の向上、経済実務教育による女子の生活力・職業力の培養に重点を置いた。なにぶんにも学校としての府知事認可の各種学校であったから、生徒数も少なく、したがって卒業生も一二年間を通じて、せいぜい五〇〇名ぐらいに過ぎなかった。

（巣鴨女子商業高等学校　四〇周年記念行事実行委員会編『四十年の歩み』六頁）

と総括している。

新校舎（のちの巣鴨病院）は早稲田高等師範部の校舎を買い取って改築し、一二月に完成して新しいスタートを切った。

喜びに沸き立ちながら、新校舎の建設に始まり、建物の増築、移転などが続いたが、この間、学校の経済状況は火の車状態が続いていたようである。学校の会計を取り仕切っていたりつ子は、「手形が落ちるか」等の心配を始終していたようである。

このように学校経営の資金関係から、生徒の遠足の費用、校友会の旅行費などと、

▲巣鴨女子商業学校（昭和６～昭和 23 年）

資金繰りに苦慮しながら、かなり広範囲の会計事務をやりこなしていたのである。家計のやりくりだけでも、大変なことであるのに、学校会計の心労はいかばかりであったであろうか。

一方、良信の仕事ぶりは、今の世の中に何が必要かを見定め、事業に着手するやり方であった。経済的な見通しは二の次なのである。りつ子は、良信のこうした仕事の運び方に、一切の文句や苦言を呈することなく、事業と良信そのものを支え続けたのである。

それにしても、文部大臣認可の「巣鴨女子商業学校」の設立・開校は良信はもちろんであるが、りつ子にとっても、それまでの苦労が報われるような、大きな喜びであったことは疑う余地がない。

渡辺海旭校長の思い出と、当時のカリキュラム

一九三一年（昭和六）の設立から数年は、「巣鴨家政女子学校」と「巣鴨女子商業学校」の生徒が混在していたが、生徒数も少なく、こじんまりしていた。一期生の女子学生は、渡辺海旭校長のことを、

とても姿勢がよくいらっしゃって、早口で、テーブルのすみの方にお立ちになり、生徒の方をごらんにならないで、空とか遠い方をごらんになりながら……早口でした。ドイツへ一三年間留学され、芝中や大正大学で教鞭をとられた方です。非常に早口で、通訳がなければわからない。だから渡辺先生の講義には、必ず長谷川良信先生もいっしょで通訳をされた（笑い）……。

（巣鴨女子商業高等学校　四〇周年記念行事実行委員会編『四十年の歩み』三八頁）

と「座談会　開校の頃の思い出（一回生を囲んで）」のなかで、当時の和《なご》やかな授業風景のエピソードが、懐かしさをこめて語られている点からも、生徒たちの教員への尊敬の念や愛情、そして愛校心が見えてくるようである。こうした学校の温かい雰囲気を作り出していたひとりが、りつ子であった。

当時のカリキュラムは、たとえば一年生は「修身」「国語」「数学」「地理」「歴史」「理科」「英語」「裁縫・手芸」「体操」「音楽」「図書」の科目を修め、二～三年生と次第に科目を増やしながら、四年生になると、通常の科目に加えて「公民」「簿記」「商品」「実践（タイプライター）」等の社会人教育に特化した科目を履修していく、というものであった。

当初の学費は月額五円五〇銭で、他校は六円五〇銭ぐらいが相場であったので、比較的安い学費であった。当時、お米一升（一・五kg）が三円ほどで、教員の月給が三〇円くらいの時代である。

受験生集めの小学校回り

「巣鴨女子商業学校」の設立当時は、一般的に小学校の一学級が五〇名程度であった。そのクラスのなかで次の女学校へ進むのは、二割程度であったと言われている。こうした状況のなかで、りつ子たちは学校経営に欠かせない受験生を集めるため、近隣の小学校回りをしていた。創立した一九三一年（昭和六）の年度末を迎えるころ（昭和七年一～二月）の、りつ子の日記を見ると、

一月二三日　小学校訪問の受け持ち分担。滝野川、王子、小寺先生。板橋、長谷川りつ（子）。巣鴨、西巣鴨、高田、尾久、大場先生。
一月二四日　豊島郡内小学校三八校に入学案内を送る。訪問する学校をのぞく。
一月二六日　学校訪問で相変わらず忙しい。
一月二七日　板橋小学校訪問。志村の校長二人、板橋第二、第四、第五、五人の先生には心持よく面接できて、ただし六年受け持ちには、あまり会っている時間がなくて話せず残念……（後略）

二月二八日　大場先生、高田小学校訪問なされる。あまり結果はよくないらしい。
二月二九日　小寺先生、滝野川全部訪問、王子方面にも行かる。
二月三〇日　大場先生、尾久方面行。

と、りつ子を始めとする先生方が訪問する地域を分担し、足まめに小学校を訪問している様子が記録されている。さらに訪問するだけではなく、今でいう学校のパンフレットを、豊島郡内のすべての小学校に郵送するなどの広報活動にも余念がなかった。また、創立三年目から英語の教師として巣鴨女子商業学校に奉職した新堀源司は、

いやな思いをしたのは、小学校への生徒募集訪問である。小使室に一時間待たされるのは普通で、茶一杯出してくれないどころか、無愛想なものであった。本校がようやく競争率も高まり、広く存在が認められるようになると、先方から頻《しき》りに訪問してくれる。昔を偲《しの》んで応接間に通して茶菓の接待をする。実力はもちたいものとつくづく思う。高等小学校卒業生が本校の三年生に続々と編入するようになった。

（巣鴨女子商業高等学校　四〇周年記念行事実行委員会編『四十年の歩み』三八頁）

と、創立当初の生徒募集の大変さと、次第に学校の評価が高まり、生徒が急増していく様子を、懐かしそうに回想している。

巣鴨女子商業学校の校訓

巣鴨女子商業学校の校訓は、良信の理念のもとに「敬虔真摯《けいけんしんし》」「聡明快活《そうめいかいかつ》」「純《じゅん》情奉仕《じょうほうし》」と定められた。（「巣鴨女子商業学校一覧」一九三六年七月一日）

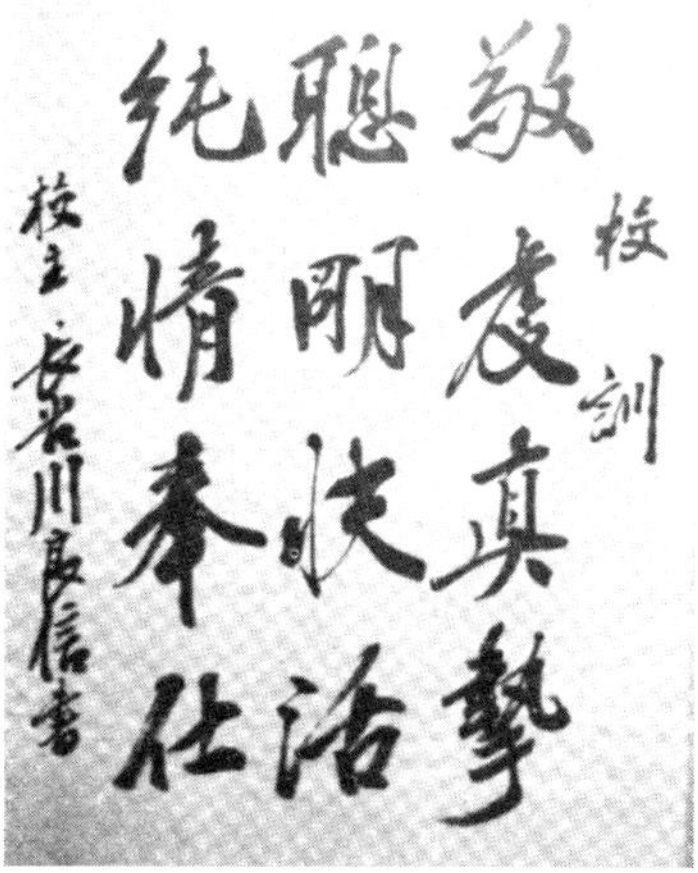

▲校訓三条

「敬虔真摯」とは、宗教教育において人間の生き方やあり方を教え、真に理想的な人物をつくることを目指したものである。自分の生を歴史的に見たときに感謝を示し、謙虚な生活態度を堅持するということである。

「聡明快活」とは、社会人教育である。自分への欲や愛を後回しにして、他人に

▲巣鴨女子商業の裁縫授業（昭和８年頃）

尽くすという奉仕の精神である。これが職業人としてサービス精神をどの分野においてももち続けることをいう。

「純情奉仕」とは、情操教育のことである。品性を身に付けることを目指した。女性の純情の気持ちを育て、社会の奉仕活動として実行に移すのである。

この校訓のもとに、巣鴨女子商業学校の女子教育が行われた。

りつ子は「裁縫（和裁）及び手芸」や「家事」を、他の教員と共に教えていた。「裁縫及び手芸」では裁縫の基本からミシンの使い方、洋裁の初歩的なことまで行った。「家事」の授業では、家計における簿記、衣食住に関すること、育児や看護、割烹の調理を教えていたのである。

開校当初、タイプライターの数が少なく、夕方遅くまで下校せずに使おうとする生徒がいると、良信は大声を出して、生徒に下校を命じていた。そうしたときにりつ子は、半地下の炊事場へ生徒を呼び、正月のお供え物（餅）を付け焼きして、生徒に食べさせてから帰らせていた。

これらのお供え物は、良信の親しい友人の寺から回してもらったものであった。りつ子は、忙しいなかでもそうした連絡があると、生徒たちのために自分でお餅を取りに行ったという。

▲和文タイプ（４回生卒業アルバムより）

また、新年祝賀会が学校で行われる時にも、生徒たちに菓子を持たせて帰らせることもしばしばあったようである。そこには、教員の姿に母親の姿が重ね合わせて映し出されている。

生徒たち一人ひとりが巣鴨女子商業

学校で学びながら、「敬虔真摯」「聡明快活」「純情奉仕」の精神を育てる上で、温かいりつ子の思いやりや行動が大きな影響を与えたものと思われる。言い換えれば、りつ子の性格そのままに自然に現れ、周囲を和ませる情愛の深さは、出会う人を魅了してやまないものであり、生徒たちとの日常的な関わりを通して、生徒各人の情操教育や人間的成長に大きく寄与していたと言えよう。

生徒たちに対し、単に学問を教授するだけでない、人間味あふれるりつ子の行動は、生徒だけに届けられるものではなく、同僚の教員に対しても、細やかな配慮が当たり前のように発揮されている。生徒以外のエピソードも紹介しておきたい。

昭和七年であったろうか。二月一一日紀元節の夕方、いつものように、けいこの相手をして、うす暗くなった校舎を教員室へ引き上げようとすると、律子先生が私を呼びとめた。

「これは今日、紀元節で宮内省へ社会事業の御下賜金をいただきに上ったときの御馳走です。おすそわけにお持ち下さい」

そう言って、折を渡して下すった。家に帰って開けてみると何と、それは立派な鯛一匹、頭と尾を、金銀の水引きで装飾したものである。別にお口とりや、その他のものの入った折が、もう一つあったものであろうが、お祝いの日の鯛を、そのまま一教師である私に下さるという事は、私は校長夫妻の、好意のあまりのすがすがしさに、圧倒と困惑さえ感じた。

（巣鴨女子商業高等学校　四〇周年記念行事実行委員会編『四十年の歩み』一九～二〇頁）

これは、開校以来、教員として謡曲を担当し、金春流《こんぱるりゅう》皆伝職分で重要無形文化財（人間国宝）に指定されている野村保の回顧である。好きな物をなに不自由なく食すことができ、食卓にバラエティに富んだ食材が並ぶ、今の時代のエピソードではない。食料が貴重な時代の、他者へ食べものを分けることなど、なかなかできない時代のエピソードである。

良信とりつ子の他者に対する慈しみと、同じ職場の者に対する愛情が感じられる話である。二人にとってみれば、日常的すぎて記憶に残らない事柄かもしれないが、慈しみを受け、深く感じた者にとっては、嬉しい貴重な記憶としていつまでも心に残るものとなる。

七　よし子との出会い

マハヤナ学園の理念

一九三二年（昭和七）を迎えるころは、一九二九年（昭和四）の世界恐慌に端を発した経済不況が世界を席巻し、日本でも失業問題が深刻化して労働争議が頻発。一九三一年（昭和六）には東北地方で大飢饉が発生するなど、社会問題が山積し、世情は騒然としていた時代である。

このとき、りつ子と良信、そして二人を支える多くの人々の必死の努力によって、「巣鴨女子商業学校」は徐々に軌道に乗ってきていたが、りつ子と良信にとって「巣鴨女子商業学校」に勝るとも劣らぬほど重要だったのが、「マハヤナ学園」の運営であった。

これまで幾度か触れてきたように、良信の社会活動の原点は西巣鴨の通称「二百軒長屋」と呼ばれたスラム街に、「マハヤナ学園」を創立したことに始まる。その活動は本シリーズ『シリーズ福祉に生きる24 長谷川良信』（長谷川匡俊著）に詳しいので、ここでは概略を紹介するにとどめたい。

「マハヤナ学園」の名称は、「大きな乗り物＝大乗」という意味のサンスクリット（梵語）「マハヤーナ」に由来しており、良信の恩師・渡辺海旭の命名である。さまざまな人を救う大きな乗り物を意味している。

マハヤナ学園は、

（一）講壇的社会事業の普及

（二）総合的済貧計画の実行

（三）労働問題の宗教的解決

という三つの目標を掲げて、一九一九年（大正八）一月に開始された。具体的には、社会事業に対する啓発活動を行い、貧民に対する包括的な生活改善のための具体的な支援を展開し、貧困生活の根本にある労働問題に対し、人間的な質を高めるために宗教的な認識を深めることを目指したものである。

マハヤナ学園の財政は、良信が所属する浄土宗門や寺院関係者を中心とする会員の会費と、寄付と、官公庁からの補助金でまかなわれていた。財政事情は常に苦しく、良信は寄付や援助のために走り回らなければならなかった。

こうした厳しい財政事情のなかでも、マハヤナ学園の事業は次々に拡大され、貧児教育、相談事業に加え、就労せざるを得ない女性の子どもを預かる保育事業や、地域住民に向けての衛生、育児、家事に関する講演活動等を行う「講演部」を組織していった。

さらに、資金繰りに苦労しながらも医療部、妊産婦保護部、出版部、児童クラブと多くの事業に着手し、成果をあげ、世間の注目を集め、良信は社会事業の旗手として高い評価を得ていた。

そして、りつ子が良信と結婚したとき、マハヤナ学園の活動は一四年目を迎えており、りつ子の双肩には開校直後の「巣鴨家政女学校」の運営とともに、マハヤナ学園の諸活動がずっしりと重く、のしかかってきたのである。

よし子、マハヤナ学園を訪ねる

一九三二年（昭和七）四月一四日、長谷川よし子（旧姓大場）は初めてマハヤナ学園を訪ねた。案内してくれたのは、寄宿していた潮泉院の青柳師である。

この時よし子は、前年三月に京都の尼衆学校を卒業して上京し、四月から日本女子大学校社会事業科の聴講生として学んだあと、昭和七年四月から東洋大学社会教育・社会事業科の夜学で学ぶ学生であった。当時、昼間の大学ではよし子が希望する社会事業を学べるところがなかったので、昼間は図書館で勉強し、夜間の大学で学ぶことを選んだのだ。夜間の大学は男女共学で年齢や職歴もさまざまな人々が社会事業を学んでいたため、切磋琢磨し合いながら大いに学べる環境であることに満足していた。

東洋大学で学び始めてから、よし子は社会事業には机上の勉強に加えて、実践現場の見学や体験などの実学が必要だと感じた。そのとき尼衆学校の講義の折に、東京の西巣鴨に浄土宗関係の「マハヤナ学園」という隣保館があり、見学を勧められたことを思い出す。

よし子は尼僧の身で潮泉院に寄宿していた。潮泉院の住職に話すと、偶然にもマハヤナ学園を知っていて、同行して紹介してくれたのだ。

当時のマハヤナ学園は旧中山道沿いの現・東京都豊島区西巣鴨にあった。訪問し、学園についての説明を受けた際に、勉強になるから通うように勧められ、翌日から学園に通い実習を行うことになった。

りつ子の日記に登場するのは、訪問四日後の四月一八日以降である。

四月一八日　……夜ミサ子の病状よろしからず、伊藤先生をお頼みする……（中略）大場栄月（筆者注・栄月はよし子の得度名、尼僧としての名）氏、本日より暁寮にくる。病人の世話をして下さる。

四月二五日　第三時中村弁康氏、宗教的訓話一時間大場栄月氏、（後略）

五月一日　……午後一時より日比谷公会堂にて少年保護の演芸会、保母たち一同行く。女子部留守番、松島、秋笹、学園、池内、別館に残る。三時より大場氏、主人、三人で日比谷に行き、最後の一幕拝見する。（後略）

日記の記述と、よし子の自伝『私の人生を語る』から類推すると、よし子は実習という名目でも無給であったために、たまに学園を休んで図書館や大学に通いながら実習を続け、その日の状況により、保育部（私立の託児所）や医療部（済生会診療所へ委託し、貧困者への無料診療実施）、少年信愛会（更生保護事業）などで手伝い、また、学校関係（巣鴨女子商業学校）の手伝いも行っていたようである。

一八日の日記に「ミサ子の病状よろしからず」と記された「ミサ子」は、少年信愛会の女子部の生徒で、三日前から体調を崩し、りつ子が看病していたが、看病の甲斐もなく、翌日に死を迎える。りつ子は一九日の日記に、

（前略）午前一〇時三〇分遂に絶命して世を去る。若かりし花の盛り一夜の嵐に散り行き乙女げに日本の桜花にも似たるかな、乙女の一生残されし母ぞあわれ、教え子の死、泣いても泣いても泣ききれぬ悲しみ、ああ、かくなろうとは神ならぬ身の知るよすがもなく、現実に見せつけられたるこの有様こそ、言葉にもつくし得ぬ悲しみぞ、明日の葬儀の事や今日のお通夜の事等の準備をする。親戚の者一五、六名、学園女子一二、三名、男子部五、六名、経門をとなえて賑やかな通夜は行われる。女学校の先生も四、五人いらっしゃる。かくて涙の

一夜は過される。（『長谷川りつ子記念集』五〇頁）

と記し、りつ子がどんなに子どもたちを可愛がり、慈しみをもって接していたかがわかる。亡くなる前の数日間も医師を呼び、毎日毎日、病状を心配し、親や兄を呼び熱心な看護ぶりが日記から読み取れる。

話を戻すと、よし子は初めてマハヤナ学園を訪問した際の感想を、

いろいろ見学させてもらいましたが、マハヤナ学園の保育園や事務所、給食所が粗末なのには驚きました。当時は建物の古材を薪として燃していたので、部屋は煙たいし、社会事業とは、こういうことなのかと、妙に納得したものです。（マハヤナ学園七〇周年史編集委員会『マハヤナ学園七〇年の歩み』五頁）

と述べている。マハヤナ学園の厳しい状況を目の当たりにした上で、仕事を頼まれると、よし子は大学を休んでまで手伝うようになる。思うように勉学ができないジレンマを感じながら、マハヤナ学園での実習で、将来社会事業を実践する上で、対象者に対してどのように接するべきか、経営者としてどうあるべきなのか、などと真剣に考え、学ぶ日々であった。

よし子はりつ子のもとで働き、その働き方をそばで見て多くを学び取っていった。よし子は、晩年に、この時の実習について、

　何でもないような話であるのに、その当時の自分には相当ショックな出来事であって、それでもそうした出来事等が私を一人前に成長させてくれたし、（中略）社会の底辺の問題を知ると同時にさまざまな処置をできる限り円満に、温かくしてあげることを勉強しなければならないと、考えるように変化していった。（長谷川よし子『私の人生を語る』八五頁）

と、実習の実践的な学びを記している。現場で初めて体験する、よし子にとって衝撃的な出来事も、経験豊富な「りつ子先生」の指導のもとにやりこなし、経験として積み重ねていったのである。

りつ子とよし子との出会いは、約一年にも満たない、短い期間で終止符が打たれる。愛知県半田市に住むよし子の実母が病み、戻って欲しいとの要請を受け、よし子が郷里へ戻ったからである。

なお、よし子が初めてマハヤナ学園を訪問した件に関しては、本書「第二部　長

谷川よし子」で、よし子の視点からその経緯を細かく述べているので、参照していただきたい。また、よし子が初めてマハヤナ学園を訪問した日時について、よし子自身が自伝のなかで、「最初に訪れたのは、昭和七年七月だったと思う」（『私の人生を語る』七五頁）と記述しているため、七月説も通用しているが、四月一四日訪問説の妥当性を、同じく第二部で詳述したので、あわせて参照していただきたい。（「第二部二〇三〜二〇五頁）。

養父の死と「真壁保育園」の開設

よし子がりつ子の指導を受けながら、マハヤナ学園の手伝いを始めたころの、五月二〇日すぎのりつ子の日記に、

五月二〇日　……夜、真壁老僧急病とて、九時自動車で主人智了行く。
五月二二日　老父の霊をおくる。午後七時、夜の幕のとざされんとする時、町はずれの火葬場にと行く。つきぬ別れ、老母の姿見るだに涙にくれる。
五月二三日　今朝六時お骨あげ、白骨とかわる。今日の姿、人の命のはかなさ

を思う。八時五五分、大河内先生と共に帰京する。

と、良信の養父・小池智誠（「得生寺」二二世）の急病の知らせと、逝去（二一日）、火葬（二二日）、お骨あげ（二三日）の様子が記録されている。

良信は養父の跡を継いで茨城県真壁町の「得生寺」二三世住職となると、一九三二年（昭和七）一一月、得生寺に真壁保育園を設立する。保育園の目的は「児童愛護中心の隣保事業（筆者注・セツルメント事業）」であり、事業内容は、子どもの保育のみならず、乳児健康相談部、夜学部、日曜学校部、青年部、図書部、講演部、訪問部、相談部、浴場部、医療部、葬儀部などを設置し、生活そのものを支援する場として展開している。

保育は満三歳から七歳までの子どもを預かり、毎日平均七〇名の保育を行った。在籍者四〇名ほどの夜学部では小学生の予習、復習だけではなく、卒業生までにも教育の機会を与えた。青年部では一六歳から二〇歳を対象に、仏典や漢籍を読み学ぶ場を設けた。浴場部は、無料の公衆浴場として地域の人々へ開放した。

園長とりつ子以下、保育士三名、教師二名、指導員若干名のみでこの組織を動かしていたのである。（マハヤナ学園六十五年史編集委員会『社会福祉法人　マハヤナ学園六十五年

史　資料篇』六二一～六五頁）

りつ子にとって、マハヤナ学園や巣鴨女子商業学校などを切り盛りする重責に加えて、遠い茨城の得生寺・真壁保育園の運営が加わったことは、更なる負担であったと思われる。

渡辺海旭の死と、良信の第二代校長就任

巣鴨女子商業学校が開校二年目を迎えた、一九三三年（昭和八）一月二六日、初代校長渡辺海旭が逝去した。享年六一。養父・小池智誠との死別に続く悲報であった。特に、宗教大学のみならず社会事業や人生の恩師であった渡辺海旭の死は、良信にとって計り知れない衝撃であり、りつ子にとってもまた、深い悲しみであった。

良信は終生の恩師であった海旭の死を乗り越え一九三三年（昭和八）二月一四日、巣鴨女子商業学校の第二代校長に就任すると、応募者の増員傾向が見え始めた状況に対応するため、直ちに校舎の増築に取り組み、同年七月に校舎一棟、四教室を増築している。

八　第一回卒業生と新校舎建設

第一回修学旅行

巣鴨女子商業学校では、良信が第二代校長に就任した四ヵ月後の一九三三年（昭和八）六月、関西方面に第一回目の修学旅行を実施した。りつ子の日記には、

六月六日　関西旅行の途につく。九時東京駅集合、九時五〇分発。西に西にと走る。一同元気良し。八時日くるる頃大津着、徒歩一五分くらいにして、湖畔の宿美登里館投宿す。

六月七日　未明に起きて湖を望む。汽船にて石山寺に行く。雨けぶりて、また一層の眺めかな。石山より帰りて朝食す。徒歩にて三井寺に行く、景色よし。

インクラインにて京に出る。湖水渡りもまた一層の趣きなり。知恩院参拝して宿に帰る。清水寺、三十三間堂、桃山御陵、帰りは京の町を歩きて帰宿におそくなる、疲れたり。
六月八日　平安神宮、御所、北野天満宮、嵐山、帰宿。
六月九日　奈良行き。奈良駅にて荷物をおきて橿原神宮（筆者注・日記では「榎原神宮」となっているが橿原神宮に訂正した）に参拝する。ついで奈良へ電車で帰る。
六月一〇日　午前奈良見物。午後二時の列車で二見朝日館へ行く。夜、茶話会を行う。
六月一一日　四時日の出を拝して九時頃まで、買い物を自由にさせる。九時半電車で外宮行き、内宮拝して、宇治山田の駅より汽車にて鳥羽に行く。遊覧船にて港の中見物約一時間帰りて、山に登る城跡へ行く。八時半の汽車で帰路につく。
六月一二日　午前四時半頃沼津着、下車する。東京駅八時頃、無事一同帰京する。

と、六泊七日の修学旅行の旅程が綴られている。『長谷川りつ子記念集』の口絵に収録された写真と合わせて、短い感想を読むとき、それまでの苦労を吹き飛ばすように、朗らかに生徒たちと旅行見物を楽しむ、りつ子の心境が迫ってくる。

しかし、りつ子の親友・中嶋ちくゑの追悼文には、修学旅行前日に自宅に立ち寄ってくれたこと、そして「御目にかかった節、昨今、背から腰の方が痛むよう申しておられた。今度の旅行も留守をするはずだったのが急に引率教員の都合で多少無理をして出かけたのです…」と明かしている（『長谷川りつ子記念集』二〇五頁）。りつ子は体の痛みをこらえ、顔にも出さず気丈に振る舞っていたのである。

学校の修学旅行は、明治時代から現在に至るまで、戦争の影響を受けながらも長く存続している学校行事である。明治の教育法令上ではすでに「修学旅行」という用語が使用されていた。昭和に入り、伊勢神宮への修学旅行が盛んになってきた。りつ子たちは「橿原神宮」と「伊勢神宮」を回っている。

当時の修学旅行は、「神社仏閣に参拝して敬神崇祖の精神を涵養すること」を主眼に置き、「団体行動の教育的訓練」や「視察、見学による知識の定着」等が主目的となっている。伊勢神宮は一九三九年（昭和一四）の参拝者がピークで、二二〇万一二三人に達している。（太田孝『学位論文　昭和前半期における修学旅行と旅行文化』二〇一四年　横浜市立大学学術機関リポジトリ　https://ycu.repo.nii.ac.jp/index.php?active_action=repository　閲覧

日　二〇一六・九・九）

また、「巣鴨女子商業学校」は、浄土宗の教えから学ぶ学校として設立されており、この修学旅行でも浄土宗の総本山・知恩院へ参拝している。さらに立ち寄った滋賀県の石山寺は、真言宗の寺であるが、有数の観音霊場である。旅程を見ると各種の仏教に触れ、校訓にある「敬虔真摯」の育成を目指すための計画であることが読み取れる。生徒同士や生徒と教員の深い交流の場となったことは確かであろう。

入院と「遺言状のはしがき」

りつ子の三七年間の生涯を見るとき、七日間にわたる「修学旅行」は心和《なご》む、実に記念すべき出来事であったことに気付く。

帰京して二ヵ月後の日記（昭和八年）には、

八月二六日　〇〇の手形が落ちるのに心配する…（後略）

八月三〇日　気分の重たい日で、思うように出来ぬ事、夥しい。××氏へ行く、園債二十七号お預けしてくる…（後略）

九月八日　小圷氏よりまた手形の割引をしていただく。

など、資金繰りに悩む姿が見え、九月一七日から二〇日まで、疲労を訴えて入院している。さらに、翌一九三四年（昭和九）正月には、

日頃の疲れか、年末の過労か身体の上半身の痛みを覚えて昭和九年の元旦を迎えた。

ここに、マハヤナに心身をささげて十年、省《かえり》みてまことに短かった十年間を思う。実に十年目の元旦に当りて、ここに記して残す事とする。働きつくしてこれ以上、力及ばずと決心した時、いつにても仏様の御前に呼んでいただく事を喜んで待っている者である。

自分と云う者のなくなった後なるべく残された者の迷惑にならぬよう出来るだけ物事を大体決定的に頼んでおくべく記しておく。――以下略す――

（『長谷川りつ子記念集』二二三～二二四頁）

と、「遺言状のはしがき」を記している。良信とその諸事業のために必死に生きてきたりつ子の、悲鳴にも似た心の叫びを感じずにはいられない。それでも、りつ子はあくまでも前を向き、力を振り絞って、進む。

第一回卒業式を挙行

「遺言状のはしがき」を記してから三ヵ月後、一九三四年（昭和九）三月に、巣鴨女子商業学校の記念すべき第一回卒業式が挙行された。良信やりつ子たちの長年の努力が報われた一瞬である。

巣鴨女子商業学校の第一回卒業生二六名と、巣鴨家政女学校の第八回卒業生一一名の、合計三七名の卒業生は一枚の卒業記念写真に並んでいる。

次年度の第二回生は二八名であったが、三年後の第三回卒業生は七七名と当初の二・五倍ほどの人数に増えていった。その後も一〇三名（第四回生）、一三五名（第五回生）、一六八名（第六回生）、一七六名（第七回生）、三〇五名（第八回生）と順調に生徒数が増えている。

卒業生の当時の就職先は、銀行、保険会社、官公庁、学校等であった。就職せずに家事につく者もいた。第一回卒業生の一人は、

「女が働くなんてとんでもない、というのが世間の考えだった」

▲巣鴨女子商業学校第１回・巣鴨家政女学校第８回卒業生（昭和９年３月）。前列左より野村保、（４名不明）、長谷川良信、大場平一郎、（２名不明）、足立太郎、吉野正孝、長谷川りつ子、佐山の各先生

と当時の世評を回顧している。

入学者の多くは、卒業後に就職したいと思って入学していたが、同時に就職に引け目を感じる時代でもあった。女性が職業をもつことは現在とは全く異なる意味があったのだ。さらに、当時まだ無名の学校であり、それに加えて、

「商業学校の卒業」ということに抵抗感が強かったようである。ただ、職場では商業学校出身者である強みの簿記ができ、事務仕事に長けていたので重宝がられ、一流会社からも歓迎されるようになっていくのであっ

た。

また、簿記だけではなく、美術や卓球、バスケットボールなどのスポーツにおいても、好成績をおさめるようになり、生徒たちは多くの場で学びの成果をあげていったのであった。こうして、創立当初は、無名であった学校が卒業生の力も加わり、有名校として成長を続けていき、一九四二（昭和一七）年には、募集人員一〇〇名に対し、志願者が四五〇人ほどにもなるのであった。

（『花園　巣鴨女子商業高等学校　同窓会機関紙　第三号』）

という時代背景の推移が見られる。「世評が高まるとともに応募人数が増加した」との新堀源司の回想と軌を一にするものである（本書九八頁参照）。

新校舎建設をめぐって

人気の高まりに呼応して、創立四年目の一九三五年（昭和一〇）に、新校地を購入し新校舎の建設に着手する。野村保は前出の「座談会　開校の頃の思い出（一回生を囲んで）」のなかで、良信先生は、ここにいる人たちを入れるために校舎をつくり、二、三年後には、今の場所に校舎建築をされたので、資金に追いかけられた。どこから金を工面してきたかというと、みんなりつ子先生が集めてこられたんです。長谷川は大風呂敷で、あてにならないから金は貸せないが、奥さんが正直な人だから、奥さんに貸すんだとみんな貸してくれた。

（巣鴨女子商業高等学校　四〇周年記念行事実行委員会編『四十年の歩み』三八頁）

と語っている。もちろん、りつ子だけで新校舎建設の資金が調達できたはずはないが、良信とりつ子の金銭に対する、当時の関係者の感想の一端が示されたものと言えよう。一方、新堀源司は当時を振り返り、

……経営する側では校地校舎購入の資金繰りで四苦八苦。担任教師も学校債募集で、受け持ち生徒の目ぼしい家庭を回ることになった。（中略）当時学校後援会の役員だった鈴木さんと私が、この校債で全家庭を回るように、との校長からのお達しである。（中略）山本理事を始め、理事者たちの努力により、第二第三の二階建て木造校舎が次々に建てられた。（中略）入学志願者も増し、かなりの競争率を示したこともあり、生徒数、職員数も次第に増して女子商業とし

て都内では声価を認められるようになってきた。

（巣鴨女子商業高等学校　四〇周年記念行事実行委員会編『四十年の歩み』二一一～二一二頁）

と記している。良信とりつ子、そして両者を取りまく人々の暖かい支援の上に、新校舎の建設が進められていったのである。

九　富士見高原療養所

りつ子の身体の痛み

りつ子の日記を読むと、一九三三年（昭和八）六月に、巣鴨女子商業学校の第一回生徒たちと、楽しい修学旅行を終えたあと、次第に身体の痛みを訴える書き込みが目立つ。もっとも、りつ子の日記のすべてが『長谷川りつ子記念集』に収録されているわけではない。刊行代表者（著者注・四湖山秀暢）は同書の「凡例」に、

日誌の方はマハヤナ以前のものが二ツ、以後のものが五ツ採録されている。

……余り個人的な内容に渉《わた》るので省略除外したので、結局、そうなったわけで、……いずれも飛び飛びの余白だらけの日誌であった。（『長谷川りつ子記念集』六

頁）
と記している。収録されている日誌は、以下の通りである。
①大正一二年（一九二三）　一、二、三、七、八、九、一一、一二月
②大正一三年（一九二四）　一、三、四、五月
③昭和六年（一九三一）　一月
④昭和七年（一九三二）　一、二、四、五、六月
⑤昭和八年（一九三三）　五、六、八、九月
⑥昭和九年（一九三四）　一、八、九、一〇月
⑦昭和一〇年（一九三五）　一月
りつ子が三四歳を迎えた一九三四年（昭和九）一月の日記には、
一月六日　夜明けの冷えにか、背中の痛みはげしくて寝むられぬ。朝湯に入りて少しく痛みを忘れながらも、出て衣服を着る間も激しき痛みにたえかねてくる……（後略）。
一月七日　早朝湯に入りて耐えられぬ痛みに苦しむ、ようやく気をとりなおして、松江の会計整理を行う事とする。（中略）身体の痛みに何とも耐えかねてはじ

めて健康のありがたさを味う。
一月八日　神経痛はげしくてたえきれぬ。
一月一五日　晩の会があるのでとても忙しい。身体はもう働けないほどに弱り疲れてくる。これで働きつづけて一生を何時終わるのか……。（中略）身体の気分悪い為に思うよう皆さまに接してもてなしの出来ぬ事を申し訳ないと思う。
一月一六日　きのうの疲れに身体中の痛さを覚えて、如何ともすること得ず。床中にふす。一日中うつらうつらとして何事も考える気力もなし。如何にせん、一〇年の過労と病苦とになやまされつつ、一日中を床の中に暮らす人と、尋ねる人ぞなき淋しさ、遠慮なく入りくる猫二匹に慰められつつも、人間ならぬ我子の猫ならぬをうらむ。
一月一八日　夜、身体の痛みはげしくして寝むられず、なやまさる。死ぬまで休まぬ決心で働きまわるも、胸の痛みにくるしむ。
一月一九日　朝雪降りの中を、市場へ学校の炭の注文と園内の昼の買い物に行く。身をさす思いたえ間なく左の胸をさされる痛さに仕事がはかどらぬ……。

（『長谷川りつ子記念集』　七一～七五頁）

と、身体のあまりの痛さに、眠ることもできぬ苦しさが綴られている。りつ子はそうした苦痛のなかでも、いつも通りにもてなすことが出来ないことを詫び（一五日）、さらに痛みが和らいだのであろうか、一月一七日には「早起きして緊張した気分で働き廻る倒れるまで働く決心（をする）」と書き込み、仕事を続けている。しかし、翌一八日、一九日には再び身体を激痛が襲うのである。二月の日記には、

二月三日　真壁に行くべく準備はすれども、なかなか行けず……。
二月九日　一一時五〇分真壁行き、三時着。種々会計の整理などして、八時の夜行で帰る。とても忙しい一日であった。
二月一三日　……女学校入学者一〇〇名に達する。
二月二〇日　新入生成績よし、この分なれば一五〇名以上ならん。
二月二三日　何ものかに押しつぶされたような暗い気持ちで一日過す。
二月二四日　……例によって伊藤先生にお小言をいただく。

（『長谷川りつ子記念集』　七七～八〇頁）

と、これまでになく短い記述が続き、巣鴨女子商業学校やマハヤナ学園、茨城の真

壁保育所の仕事を続け、身体の痛みについての書き込みが見当たらない。わずかに主治医の伊藤正雄博士から身を案じての小言をいただくくらいであった。りつ子が死ぬまで仕事を続ける決意を、さらに強く固めた結果のように思われる。

なぜなら、翌三月には記念すべき「巣鴨女子商業学校第一回卒業式」が予定されており、日記にあるように、第四回目の新入生が一〇〇〜一五〇名と増加傾向にあるのが確認され、新校舎建設の急務を誰よりも理解していたはずだからである。日記の行間から、りつ子の精神的な強さと、良信とその諸事業を支え切ろうとする、並々ならぬ覚悟が感じられる。そして、二六日の「藤田先生風邪にて休む。忙しい。教科のことなど調べる」という、簡潔な記述のあと、なぜか、三月から七月までの四ヵ月間の日誌は収録されていない。

脊椎カリエスの診断

りつ子と良信は一九三四年（昭和九）三月、巣鴨女子商業学校の第一回卒業式と巣鴨家政女学校の第八回卒業式を同時に挙行し、四月に多数の新入生を迎えて世評の高まりを実感し、女子教育事業がようやく軌道に乗ったことを確信した。結婚九年目にして達成した大きな成果の一つである。二人の喜びもまた大きなものであったに違いない。

ところが、七月に入ると、伊藤正雄博士からりつ子に、恐れていた脊椎《せきつい》カリエス（結核性脊椎炎）の診断が下されたのだ。良信も若き日に結核に罹《かか》り、房総半島の館山で療養生活を経験し、奇跡的な快復をしている。今度は、りつ子が結核性脊椎炎を発症したのだ。

結核のほとんどは肺結核であるが、あらゆる臓器に感染する可能性を秘めた疾患である。結核菌が脊椎に運ばれて発症するのが「結核性脊椎炎（脊椎カリエス）」である。主な症状は微熱、食欲不振、倦怠感、腰部痛や脊柱の硬直等が見られる。

りつ子が苦しんできた身体の痛みこそ、「結核性脊椎炎（脊椎カリエス）」によるものであったのだ。「略年譜」によれば、伊藤博士の診断で脊椎カリエスであることが確定したあと、「山口外科に入院加療」とあるが、前述したように、この間の日記および関係資料が見当たらないため、加療の内容や入院期間などの詳細は定かではない。

やがて、りつ子は覚悟を決め、八月八日、新宿発八時三一分長野行きの列車に乗り、療養のため富士見高原療養所へ向かった。

富士見高原療養所と正木医師

富士見高原療養所は長野県富士見町の標高一、〇〇〇メートルの地点にあり、北東に八ヶ岳連山が眺められ、町名の由来となった富士山が町のどこからでも展望できる。当時は東京・新宿から中央線で五時間ほどを要し、最寄りの富士見駅から療養所まで徒歩で一五分ほどかかり、坂を登る。

富士見高原療養所が治療対象にした結核は、明治時代から昭和二〇年代まで「亡国病」と呼ばれ、死の病として恐れられた。一九三五年（昭和一〇）の結核患者数は約一四万人で、人口一〇万人に対する死亡者は五〇〇人前後で、一〇代〜二〇代の若い世代の発病が多かった。（富士見高原医療福祉センターホームページ　www.fujimihp.com　二〇一六・八・二九閲覧）

今では、医学の進歩により治療効果が格段に上がっているが、当時は特効薬もなく、ギプスやコルセットで身体を保護しながら、日光浴や食事による体力向上を目指す治療しかなかった。この時代、経済的に余裕のない患者は、重症患者となってから、ようやく入院が叶う状態であったため、結核治療の場となった公的病院は、治療よりも死の看取りの場でもあった。

一方、富士見高原療養所へ入院する者は、経済的にゆとりがある患者が主で、軽傷の段階で治療に専念できる場合が多かった。他の病院に比べ、院内の設備や環境に大きな差があり、当時としては最高の療養環境だったと言える。（「旧富士見高原療養所資料館」展示資料　二〇一六・四・二七閲覧）

ここで「富士見高原療養所」設立の経緯を概観しておきたい。

①一八八〇年（明治一三）、諏訪の村々が組合立「高島病院」を設立。

②一八九一年（明治二四）、郡制の施行で「郡立高島病院」となる。

③一九一一年（明治四四）、富士見駅前に「富士見病院」が開設。（長野諏訪郡富士見町編集『富士見町史　下巻』二〇〇五年　一九〇〜一九一頁）

④一九二六年（大正一五）、村の有志が総合病院開設（内科・外科・産婦人科・眼科・皮膚

科）を切望し、病院設立が実現。慶應義塾大学に医療に関する運営を任せ、初代病院長に正木俊二医師が就任。一二月に、家族を東京に残したまま着任し、「株式会社　富士見高原療養所」が発足した。

⑤赴任当時、慶応義塾大学助教授（現・准教授）・正木医師は、三三歳から三年間パリのパスツール研究所で免疫学を学ぶ。スイスで見た高原のサナトリウムが富士見高原療養所のモデルとなった。ヨーロッパ遊学後に慶応義塾大学に赴任し、すぐに助教授となったが慶応義塾大学には結核病床がなく、物足りなさを感じていた。

　正木医師は医学に従事しながら小説を書き、懸賞小説に応募して入選し、新聞の連載にもなり、ペンネーム「不如丘《ふじょきゅう》」を名乗り、広範なジャンルの執筆を行った。執筆はあくまでも副業と考えていたが、当時、絶大な人気をもった正木医師は、執筆業で得た財を全て財政困難な療養所の運営経費に充てたと言われている。

　療養所は初期段階から財政難だった。理由は村民希望の総合病院として設置した、結核医療以外の診療科の人件費や治療器具の購入費が経営を圧迫していたためである。（神津良子『いざ生きめやも』八〇頁）

⑥一九二八年（昭和三）、かなり厳しい経営状態であったが結核療養所の必要性を

痛感していた正木医師は、療養所を買い取り、個人経営に移した。「富士見高原日光療養所」と名称を改め、全国から集まる患者の治療に専念し、昭和初期には多数の有名人や文化人が入院して、多くの作品の舞台となり全国に名前が知られた。正木医師は一九六二年（昭和三七）七月に亡くなるまで病院長を続けた。

⑦一九三六年（昭和一一）、りつ子が退院した後のことであるが、組織を変更し「財団法人富士見高原療養所」となる。

りつ子が入院していた時期は、⑥の正木医師が個人経営に移行した時代である。

富士見高原療養所の治療法と、驚異の治療効果

効果的な薬がなかった時代の、結核患者に対する治療の三大方針は、「安静と栄養と大気」に配慮することであった。正木院長も三大方針を推奨し、標高一、〇〇〇メートルに位置する富士見高原の環境は最適であると考えていた。具体的には「大気開放療法」「日光療法」「食餌療法」で、

寒暖計が零下二〇度であっても大窓も全開放し、紫外線よけの眼鏡と帽子を

被って丸裸で患者は、日向に出た。南アルプスの雪は凍り、青くテラテラと光っていた。病院食は、栄養面からも味覚の点からもいつも好評を得ていた。

（「旧富士見高原療養所資料館」展示資料　二〇一六・四・二七閲覧）

というものであった。療養所開設時の入院料金は、

一日あたり特別室二〇円、特等五円、一等四円、二等三円五〇銭、二等乙三円、三等二円七〇銭と細かく設定され、かなりの高額であった。当時の日雇い労働者の賃金（昭和二年一日あたり）が一円九八銭、小学校教員の初月給（昭和六年）が四五～五五円、大学出のエリートの職業であった銀行員の初月給でさえ、七〇円（昭和二年）ほどであったそうです。

たとえ三等の病室であったとしても、とても一般的な家庭が負担できるものではありませんでした。この「高原サナトリウム」で療養できる結核患者とは、経済的に相当恵まれたごく一部のものだけに限られていたのです。広く開けられた窓は、日光療養のためです。ラジオは当時の高級機「六球スーパーラジオ」です。寝ながら読書のできる書見器と眺めの良い病室と音楽と読書は入院生活での唯一気を紛らわせるものだったのです。高原療養所に入所したら生き

て帰れないということは決してありませんでした。

（「旧富士見高原療養所資料館」展示資料　二〇一六・四・二七閲覧）

ということであった。ちなみに病棟は白樺棟、りんどう棟、しゃくなげ棟と三棟あり、特別室は「白樺」で、一人室が満員のため、りつ子は「りんどう棟二号室」の五人部屋に入った。

りつ子が入院していた時期を含む一九二七年（昭和二）から一九三六年（昭和一一）年までの患者総数は、一、一四六名である。そのうち全治者が三四・二％、軽快者が四七・三％、増悪者が五・九％、死亡者が七・二％である。この治癒比は日本結核病学会でも報告され、富士見高原療養所による治療成績が絶賛された。当時の公立の結核療養所の死亡率五〇・八％や全治者四・三％と比べてみると、高原療法の治療成果の高さがわかる。また、この時期の療養所の病名比率は肺結核患者が五六・一％と一番多く、りつ子と同じ脊椎カリエス患者は、七・四％と少数であった（正木俊二「結核ノ高山療法」『結核』第一六巻九号、一一四六頁）。もちろん、りつ子も良信も、正木医師への篤い信頼と、高い治療効果を期待して入院したのである。

りつ子の入院生活

入院当日、「りんどう棟二号室」の五名室の四人の患者は「胸の人（結核患者）」ばかりで、りつ子から見ると皆元気そうに見えたが、その仲間入りをする気になれない辛い病状であった。良信も入院から二泊ほど近くの宿に宿泊して付き添い、卵や果物などを購入して差し入れてくれた。

院内では、読書や自由時間に患者同士で「五目並べ」や「ダイヤモンドゲーム」、「トランプ」で時間を過ごしたり、毎月、正木医師（不如丘《ふじょきゅう》）主宰の俳句の会が開かれたりしていた。入院一週間後の八月一四日の日記には、

　今日は一番先にそっと起きて、顔を洗う。ベランダに出て髪をとく。心地よい。読書もよく出来て嬉しい。富士見に月よりの使者の映画があるとて、皆で行くことを中村先生にたのむ。八時自動車で五人行く、一二時に帰る。呑気な病院だことよ、と大笑いする。別に疲労も感ぜず……

と、映画鑑賞に出かけたことを書き、入院生活に少し慣れた様子がうかがえる。さ

らにこの一四日に良信宛てに手紙を投函し、そのなかで、

たむけなん母のみたまに草の市

亡き人のみたまにたむく草の市（チイコのこと）

朝顔や花とりどりに咲きにけり

など、八首の俳句と「俳句は笑わないでなおして下さい」「三島の父になるべく一八日か一九日頃くるようにして下さい」と書き添えている。チイコはりつ子が可愛がっていた猫の名で、無類の猫好きであったりつ子の人柄を偲ばせる俳句である。

また、この日に富士見村に映画の上映が行われたのは、ちょうど旧盆の一四日であり、八首の俳句は季語の「草の市」など盂蘭盆を読み込んでの俳句であることが類推できる。この時の同室者・城てるひは「高原の思い出」と題して、

一ヶ月以上も早く訪れる高原の秋、

病院につづいた裏山には紫の桔梗も咲いていました。すすきに穂ものびていました。竜胆も可愛い蕾をもっていました。

私たちは毎日のように、その秋草の中を歩みつつ歌ったり語ったりいたしました。

病んではいても、随分呑気な愉快な連中でした。人生に対していろいろな希望を抱いていました。死、――など勿論考えてもみなかったことです。（中略）村にかかった古い古い映画も、御一緒に見にいらっしゃいましたし、病院内での俳句の催しにも同じようにお交りになりました。（中略）その俳名（如水）にふさわしく、実になごやかなお母様であり、お姉様であってくださいました。（『長谷川りつ子記念集』二一〇〜二一一頁）

と、共に映画を見に出かけたことや、俳句に興じたり、秋の花々が咲く療養所の裏山を散策した日々を回想し、『長谷川りつ子記念集』に寄稿している。この同室者・城てるひの文章には、どこにあっても、人と温かく交わり、場を和ませるりつ子の人柄が鮮やかに描かれている。

父と夫の見舞いに喜ぶ

しかし、こうした呑気そうに感じられる時間の経過のなかでも、微熱が続き、病状の回復のバロメーターとなる一日三回の検温に、りつ子は一喜一憂していた。夜も寝付かれず、熟睡もできず睡眠がうまく取れない日も続く。

りつ子にとって入院中の喜びは、友人知己からの便りやお見舞いの品、そして、何よりも夫良信や父親の見舞いであった。今日来るか明日来るかと待ち焦がれ、連絡がないまま、突然、夫と父親が見舞い姿を現した八月一九日の日記には、

相変わらず夜は熟睡しないとみえて、時々何度となく目がさめる。うつらうつらとして朝になった。まだ早いようだが、どうしても眠れない。起きて顔を洗おうとして、蚊帳の外に出ると、廊下の方に父上と主人が居った。驚きと喜びとで声をだしそうだったのをおしとどめて着物も羽織も着る暇がなく持って出て着ながらとび出した。（『長谷川りつ子記念集』八四頁）

と表現し、まるで少女のような喜び方であった。いかに入院が淋しく孤独なものであるかがわかる。病状の辛さもさることながら、結核が死の病と恐れられていた時代の、病人に対する隠然とした差別も孤独感の増幅に関連しているのかもしれない。

待ち望んだ父と夫の見舞に、浮き立つように喜んだ三日後、二二日のりつ子の

日記には、

この軽熱は、もしや、カリエス以外の熱かしらん。何でもかまわない。（中略）手も足も動きすぎるほど動いていたものが、急に静止したので何だか急に筋肉の張りがなくなってしまったような気がする。幾度も幾度も自分の手を見るに、皺だらけになったような気がする。ふくらはぎの太った足、普通の人の二本ぶんもありそうな足。思いきりつまんでみると、ぶくぶくしている。何の張りもない。毎日十分食事をいただいていながら。どうしてこんなにと思われる位運動していた私が僅かに静止していたのだから、無理もないかもしれない。

（『長谷川りつ子記念集』八四頁）

と、体調の変化に怯える姿が書き込まれている。

一般に入院などの安静による筋力の低下は、二週間で二〇％とも言われているが、りつ子自身が足をさすりながら何とも言いようがない苦しさと恐怖、侘しさを感じている姿が目に浮かんでくる。体の痛み、息苦しさ、下がらない微熱、筋力の低下による肉体の見かけ上の変化。特に熱が下がらなければ、日光浴ができないので、りつ子の心境は暗く落ち込んでしまうのだった。

竹久夢二の死

高原の療養所には、多くの有名人が療養していたがりつ子と同時期に入院生活をしていたのが画家であり詩人の「竹久夢二」である。りつ子より七ヵ月ほど早い一九三四年（昭和九）一月に入院したが、治療の甲斐なく九月一日早朝に、数えの五〇歳で亡くなった。りつ子は、死亡の前日に容態の悪い竹久夢二について以下のように日記に記している。

廊下の人足ただ事ならず走る。さては誰かと、淋しい悲しい事を思い出していると、竹久夢二氏が悪いとか難しいでしょう。（中略）私共の少女の友を愛読した頃の夢二さんと言うたら、名声はたいしたものだった。（中略）その人も末路はあわれ、一人わびしく高原の秋と共にたった一人で散って行くのだろう。（中略）人の事わが事、病みて始めて死を思う。もうわれ目の入ったからだ。どうせ何時か死ぬならば働けるだけ働いて早く死んでもよろしい。生きんとして努力する今の我を思うとき生のはかなさと一人死んで行く死の淋しさを…退院の人多い。一三歳のチャメ坊は今日退院、何となく寂しくなる。

（『長谷川りつ子記念集』　九〇頁）

自らと同じ病の患者の死を受けとめることは、自分の死を受けとめるようなものかもしれない。自分の死をも覚悟したように感じる日記の言葉のなかで、それでもりつ子が選ぶのは、「働く」という言葉である。そして、竹久夢二が死亡した翌日の九月二日の日記には、

朝東京からあわただしく人のくるのに始めて竹久夢二の死を知った。高原の朝の露と散った氏を思う、何て淋しい末路かな、ほんとにたった一人淋しく亡くなられて、その人の心中を思いやる時、我れながら何事かを深く考えて、涙せずに居られないものがある。（中略）かくして世にうたわれたその人も、肉体は灰となってしまった。死んでから姉なる人が息子と来たようであるが、病みて一度も慰められる事もなく、知らぬおばあさんの手について高原の露と散って行った。（『長谷川りつ子記念集』　九〇～九一頁）

と記している。同じ日に投函した良信宛ての手紙にも、夢二の死に関する同趣の感想を綴っているが、日記とは異なり、冒頭に、

でも大丈夫、偉大な特別の力をもって、すべてを解決してゆかれることを、目に見えない力、仏様の御力がついて居てくださることを、信じて安心して居ります。（『長谷川りつ子記念集』　一五九頁）

と書いている。

竹下夢二を通して、死を身近に感じ、人の侘しさに触れ、何とも言えない気持ちになったのは充分に頷けるものがある。同病だけではなく、幼いころからその絵に親しんでいただけに、見知らぬ他人とは思えなかったのであろう。

周知のように、竹下夢二には三人の女性との出会いがある。その三人目の女性が、一九一九年（大正八）、絵のモデルとして出会った佐々木カ子《ね》ヨである。出会ってすぐに同棲生活を始めたが、やがて病気になり、そのとき出会ったのが正木医師であった。正木医師は一九三四年（昭和九）の正月、寝込んでいた竹久夢二を往診し、即日の入院を勧め、八ヶ岳を望む特別室を用意し、経済的に困っていた竹久夢二の入院費は一切受け取らなかったという。夢二は「死ぬのは恐ろしくない」と正木医師にたびたび話し、「孤独こそ人生本来の姿と思う」という言葉を残してこの世を去った。正木医師は「夢二を、友人の一人の肺病医者がめんどうを見てやったのに、何の不思議もないと私は思う。いわば私は夢二ファンの一代表者たる光栄を得たのだ」と記している。（神津良子『いざ生きめやも』一八四頁）

当時、りつ子が竹久夢二の晩年の苦境をどれくらい知っていたかわからないが、見知らぬ人に看取られての、竹久夢二の深い孤独の淵を自分のことのように受けとっていたのである。りつ子の感性の豊かさが感じられる。

仏書を読む

りつ子は入院中に仏教書を熱心に読んでいる。

八月一三日　……読書、仏教聖典をよむ。大分心も落ちついて来たとみえて、今日は読書がすすむ。半分以上よみ終わった。

八月二三日　読書、高神先生の般若心経講義を読みはじめてみると思ったより平易に書いてある。その真理をラジオで放送したのだから。

八月二四日　……今朝は大変気分がよろしい。高神先生の般若心経講義を熱心に読む。（『長谷川りつ子記念集』八二〜八七頁）

八月二三〜二四日に読んだ高神覚昇著『般若心経講義』は、りつ子が入院中の一九三四年（昭和九）にラジオ放送で連続講義が行われ、大好評を博し、空前のベストセラーとなり、今も読み続けられている名著である。そのなかには、

昨日を背負い、明日を孕《はら》める尊い一日。今日をただ今日としてみる人は、真に今日を知らざる人です。今日の一日を「永遠の今日」としてみる人こそ、真に今日を知れる人です。この今日に生きる人こそ、真に過去を生き得た人です。未来にも生き得る人です。（高神覚昇『般若心経講義』角川文庫、一〇三頁）

などの珠玉の言葉が収録され、多くの読者に感動と、今日を生きる勇気を与えてきた。りつ子もまた熱心に読んだとあるので、きっと、病に倒れながらも、前を向いて生きるりつ子ならではの、心の糧《かて》を読み取り、心の支えの一つとしたものと思われる。

富士見高原療養所を退院

入院から一ヵ月半が経過し、りつ子の病状は少しづつ快方に向かい、根気を要す

るセーターを編み上げるほどの回復をみせる。
九月二〇日　夜は編み物をした、袖をあむ。午前の検温があがったのでびくびく、
　午後は下がって嬉しい。
九月二六日　午前中少し編み物をして休む。（中略）セーター大方出来上がり、袖
　口を編む
九月二七日　日光浴二五分。（中略）セーター仕上がる。
一〇月四日　日光浴三〇分。正木先生の回診。天気快晴、帽子をあむ。平沢嬢の
　セーターも手伝う。（『長谷川りつ子記念集』九六―一〇〇頁）
遂に一〇月一〇日の退院が決まる。退院二日前に知人の張河鼎宛に、
　休息はやがての活動の源となすべくひそかに考えています。一〇年間のマハヤ
ナ生活に只今ひと休みしているところです。もう一度たって、再び大いに働くつ
もりでいます。（『長谷川りつ子記念集』一六四頁）
と、まるで決意表明とも読み取れる手紙を書き送っている。こうして体調と気力を
取り戻して、りつ子は富士見高原療養所を退院し、良信の待つ巣鴨女子商業学校、
マハヤナ学園、真壁保育園などへ戻っていった。

一〇　急逝と追悼

葉山海岸で転地療養

りつ子の体調は、一九三四年（昭和九）一〇月一〇日に富士見高原療養所を退院したあとも、全快したとは言えず、なかなか本調子に戻らなかったようである。退院した二日後の一〇月一二日の日記に、「午前、富士見にようやく、お便り出す……」と記したあと、一三日以降、一一月、一二月の丸二ヵ月半の日記がすべて欠落している。その間の消息を断片的に伝えるものは『長谷川りつ子記念集』所収の「略年譜」と「小伝」の、

同年（筆者注・昭和九年）一一月、さらに葉山海岸に転地療養す。この間、絶え

ず東京および茨城等の本園、各園、学校等に往復し、園務をみる。

（『長谷川りつ子記念集』「略年譜」一九七頁）

一時快方に向かったが葉山転地後は気候も寒冷の季に入り、一層大事を必要とされていたが東京に近いので度々往復して、本園分園などの事業を見られていた。（『長谷川りつ子記念集』「小伝」一九五〜一九六頁）

という記事などである。これらから類推すると、富士見高原療養所から帰京したあと、巣鴨女子商業学校やマハヤナ学園、真壁保育園等の園務に復帰しているうちに、晩秋から初冬にかけての気候の寒冷化のなかで、日時は不明であるが症状の悪化が生じた。そこで神奈川県の葉山への転地療養を実行したが、葉山が東京に近いため、葉山からも本園、各園、学校等に往復し、園務をしたものと考えられる。

なにしろ、この年は東北地方が記録的な冷害に見舞われ、大凶作のため、木の根や樹皮を食べて飢えをしのぎ、困窮した農家が娘たちを「人買い」の手に渡すなど、大きな社会問題を引き起こしていた。その元凶となった大冷害が東北地方のみならず、全国に波及した年で、関東地方もまた例年以上に寒さが厳しかったものと想像される。

転地療法は、気候が良くて空気の新鮮な土地や、温泉地などに一時転住して病気を治療するもので、病気治療法として長い歴史を持つ。明治以降、近代医療の発達とともに、療養地の病院での治療を、合わせて行う転地療法も発達した。

りつ子の葉山での「転地療養」がどのような内容であったのか。たとえば、定宿があったのか、特定の病院で治療したのかなど、その詳細は定かではない。

ところで、『長谷川りつ子記念集』の「ハガキ通信」に、りつ子が葉山から一二月中旬に投函した二通が収録されている。

葉山相福寺より　……夏から秋を高原に過ごして、一寸、一〇月末に東京に帰りました。しばらく巣鴨にまごまごしているうちに、また少しく無理を覚えて、再び葉山に転地いたしました。師走を前に閑日月でもないのですが、健康で働く人が羨ましくもあります。一月には三島へまいりたいと考えています。

（『長谷川りつ子記念集』「昭和九年一二月一八日 小池たみ子宛ハガキ」一八二頁）

葉山相福寺より　葉山にまいりましても一週間くらいで、すぐ帰るつもりで、よくお目にもかからずに失礼してまいりまして、早や一〇日になります。（後略）

（『長谷川りつ子記念集』「昭和九年一二月一九日 中村健治・山本晋宛ハガキ」一八二頁）

二通の投函日付は一二月一八日と一九日で、いずれも文頭に「葉山相福寺より」とある。内容を読むと、小池たみ子宛ハガキでは、「巣鴨にまごまごしているうちに、無理を覚えて、葉山に転地した」ことが分かり、中村健治・山本晋宛ハガキには、「葉山に来て早や一〇日」とあるので、一二月九日ごろに転地したことが明らかとなる。

もっとも、これらの少ない資料からでは、「一二月九日ごろ」が葉山での最初の転地療法の開始日と判断するのは速断すぎよう。これまで簡潔な表記ながら正確な情報を示してきた「略年譜」が「一一月」としているので、一一月に転地療法が開始されたのち、葉山と東京を往復する短期間の転地療法をくりかえし、その数回目がたまたま一二月九日ごろだったと、考える方が順当と思われる。

それにしても、この間の日記がたまたま失われたのか、「凡例」で個人的な内容にわたる内容は削除したとする、『長谷川りつ子記念集』編集者の意図なのか、未収録であるのが残念である。

体調不調のときでも、どんなに多忙をきわめる状況でも、丹念に記録している、これまでの律儀で筆まめな、りつ子の性格と日常の習慣からみて、人生の大事なこの期間に日記をつけなかったとは思えないからである。

最後の日記

年が明けて、一九三五年（昭和一〇）一月を迎えると、一日から二五日まで、比較的詳細な内容の日記が残されている。その日々を追うと、

一日　自宅で新年を迎え、大場平一郎など来客との対応。

二〜九日　葉山。晴れた日には葉山海岸を散歩、年賀状の返信書き、中村氏『信仰読本』（四日）、岡本かの子『信仰読本』（七日）を読む。

一〇日　帰京。

一一日　帝大病院。コルセットの相談。

一二日　真壁行の準備。「あまり進まぬながらも行った方よろしとして行くことに決す、夜少しく熱ありて早く休む」

一三日　真壁へ。来客や要件を処理。「裏の座敷で一時間ほど休む。背中が痛いようなだるいような気分がする」。六時四五分にて帰京。

一四日　志村へ。「九時病院行きギブスの形をとる、一二時帰宅」「会計を羽田氏、
　　節子に引き継ぐ」志村泊。

一五日　同窓会（一二名参加）、カルタ会、講演会（戸松先生）。

一八〜二〇日　葉山へ。

と綴られ、このとき葉山から一九日付で、小池たみ子宛に、

「……昨日またこちらにまいりました。たいした事もないようで、相変わらず遊んでいます。午前中は日光浴をして、午後は海岸や野原へ散歩にでる位で、毎日すぎて行きます。二、三月頃には三島にまいりたいと考えていますす。祖母が久しくまいらぬので、大変待っている由。ぜひまいりたいと思っております。……」

とハガキを出している。文中の「祖母」は母亡きあと、りつ子を親身に育て、慈愛あふれる眼差しで孫娘の人生を見守り、いま八四歳を迎えようとしている、最愛の「お祖母さん」である。病気を、りつ子を、ひたすらに案じている「祖母」に、どれほど逢いたかったことだろうか。

　りつ子は一ヵ月前の一二月一八日に、同じ小池たみ子宛に、「一月には三島へまいりたいと考えています」と書きながら、なかなか三島に帰れず、再び一ヵ月先の

「二、三月頃には三島にまいりたい」と、心からの願いを込めて書いたのだ。

二一日　帝大病院。コルセットを合わせ。「午後板橋に行き母の会、新年会の打ち合わせをして六時半帰る」

二二日「午前中別館の二階で日光浴をする。こんなに心地よく出来たことは東京では初めてであった。昼食を一人すまして学園行き、中村先生にあって板橋の母の会の件、頼む」。夕方東京駅六時発。葉山へ。

二三日　葉山で。風が強く日光浴出来ず。「松江の遠足の件について、くわしく上野先生に手紙をだす」「午後海岸の散歩に出て遊ぶ、あいにくの風で残念」

二四日「御仏の浄土へ帰られた斐子さんへ。

　父母の嘆きも知らず安らかに　仏の国に逝きし君かな
　清らなる八年の月日短くも　想い出深きかずかずの夢
　雪景色嬉しと笑める君なりし　今は涙の雫とぞなる」

「秋谷の海岸まで散歩に行く。長者が崎の名勝地見物して御用邸より自動車に乗りて帰宅する。芹沢氏にいただいたお花を飾りて美事なり。体温六度二分、六度七分。」

二五日「体温三六度。」（『長谷川りつ子記念集』一〇二〜一一〇頁）

となり、ときに身体の痛みを訴えながらも、葉山、板橋区の志村、真壁、帝大病院などを、病人とは思えぬ行動力で往復している。二四日の和歌は知人吉野正孝令嬢の死を聞いて、霊前に供えた哀悼の歌である。七首のうちの三首を掲載した（『長谷川りつ子記念集』一八八頁に収録）。二五日の日記の末尾には、

「編者註＝二五日記事なし。之が日誌を書いた最後となったもの」

と記されている。

以上の一月の日記を読むと、病気への悲壮感も少なく、日々を精一杯に生きる姿ばかりが見られ、とても、三日後に真壁保育園に出張したあとの発病、高熱、そして二月一二日に急逝することなど、微塵《みじん》も予想できない。

風邪の高熱、そして急逝

一月二七日、義兄・喜代作が上京して、りつ子の病気が快方に向かっていること

を皆で喜び合った。その翌二八日に真壁保育園に出張したりつ子は、真鍋で風邪に罹《かか》る。

一〇日後の二月八日、高熱を発したまま、りつ子は夜遅く真壁から帰京し、巣鴨女子商業学校別館に身を横たえた。良信を始めとする周囲の人々に励まされ、医療の限りを尽くして病魔とたたかったが、四日後の二月一一日の夜、病状が急変し、遂に、二月一二日の早朝、午前六時五〇分に逝去した。享年三七であった。

良信は臨終に先立つ、夫婦二人の語らいを、のちに、

君が臨終の十数時間前、嵐のごとき苦悩の小止《しょうし》せる時、枕頭《ちんとう》に語らいし数刻こそ、君が契《ちぎ》りし我が最後の事業報告なりしが。五月にも入らば、そこばくの悠閑《ゆうかん》を得て、君が療養の伴侶ともならんなど言いしも夢。

（『長谷川りつ子記念集』三頁）

と述べている。良信は前年八月八日から一〇月一〇日までの富士見高原療養所の入院治療と、退院後の葉山の転地療養で、りつ子の病状が快方に向かっているものと思っていたのかも知れない。それゆえに、巣鴨女子商業学校を中心とする卒業～入学が一段落したあとの五月に、二人しての新たな療養を呼びかけたのであろう。

りつ子は社会事業家・長谷川良信と結婚して丸一〇年、自らの生命を削るようにして良信と、良信が展開する諸事業を内側から支え、燃えつきるように、三七歳の短い生涯を終えたのだ。

良信はりつ子の死に強い衝撃を受けた。長谷川匡俊は、

りつ子の死は、何事にも動じない良信にとっても非常にショックを与えたようで、思わず「これで自分の仕事は最後だ」と言ってしまったほどだった。
（長谷川匡俊『トゥギャザー　ウイズ　ヒム』一二九頁）

と、良信の心境の一端を解説している。

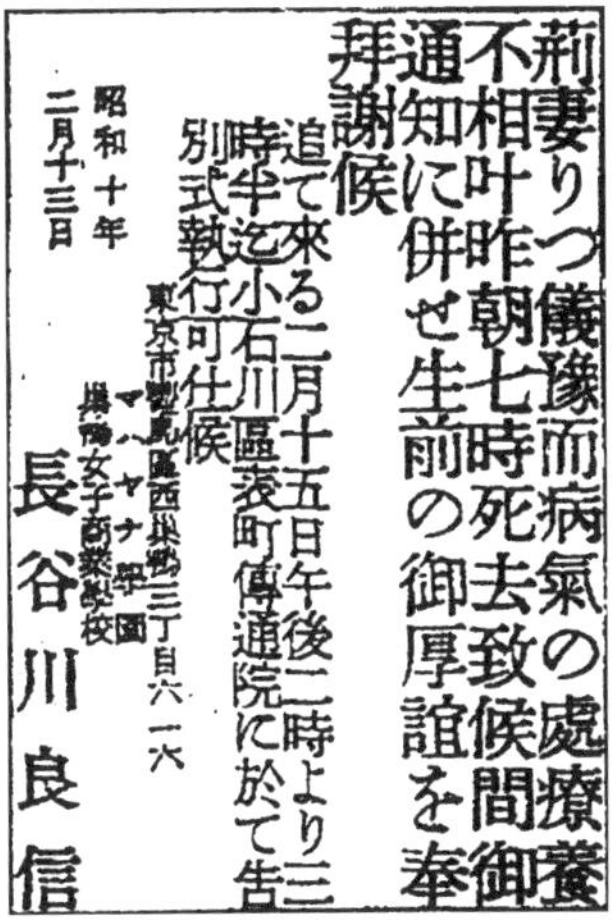
荊妻りつ儀豫而病氣の處療養不相叶昨朝七時死去致候間御通知に併せ生前の御厚誼を奉拜謝候
追て來る二月十五日午後二時より三時半迄小石川區表町傳通院に於て告別式執行可仕候
昭和十年
二月十三日
東京市豐島區西巣鴨三丁目六一六
マハヤナ學園
巣鴨女子商業學校
長谷川良信

▲りつ子の死亡告知。東京日日新聞（昭和 10 年 2 月 13 日）

葬儀は二月十五日、マハヤナ学園・巣鴨女子商業学校の園葬として、小石川伝通院で盛大に行われた。導師は木村伝通院貫首、法名は「浄行院律誉《りつよ》貞光大姉」と諡《おくりな》された。葬儀委員長の重責は大河内隆弘（淑徳高女教諭）が務めた。

園葬では岡本かの子を始めとする五〇〇余の弔電が披露され、常磐大定、矢吹慶輝、安藤正純、柴田徳次郎などの著名人に加え、千数百人の人々が焼香した。荼毘《だび》は落合火葬場で行われ、午後七時に骨拾いを終了し、遺骨は別館の楼上に安置され、その後も連日、弔問客やりつ子の死を悼む人々の焼香が続いた。

追悼の深い思い

りつ子の一周忌を記念して、『長谷川りつ子記念集』が編纂（編集代表者・四湖山秀暢）され、マハヤナ学園出版部から発行された。同書にはりつ子の日記と手紙、俳句、短歌、小伝、略年譜など、そして良信を始めとする多数の関係者の追悼文が収録されている。

良信は「巻末に」と題して、

▼りつ子の死は私にとっても実に慮外至極《りょがいしごく》、全く一一日の夕刻に至りて、愴《そう》然呆然《ぜんぼうぜん》として自失《じしつ》するほかなき有様でした。人間生死《しょうじ》の一大事を最もよく教えられている筈の自分が、全くの周章《しゅうしょう》ぶり、無残というも愚かでした。

▼満一〇年。まさしく結婚のその日から、病余半死《びょうよはんし》の夕《ゆうべ》に至るまで、飽く所なき迄に使い抜いた自分という者の愚昧《ぐまい》さ、それに対する悔恨《かいこん》、そして「可哀相だった」「すまなかった」の気持ちでいっぱいです。

（『長谷川りつ子記念集』二二七頁）

と、りつ子の献身的な労苦になかなか思い至れなかった自分を反省し、悔恨の念を書き、冬民（良信の雅号）の名前で、「残月孤唱歌」に感謝の思いをこめて、

つれなきは我がこころかな秋寒み　過ぎにし月日犇《ひし》と身に染《し》む
げにや君十《と》とせがほどの共業《ともわざ》に　身をこがしつつ燃えはてにけり

（『長谷川りつ子記念集』二二四頁）

と、万感の思いを詠んでいる。

巣鴨女子商業学校の野村保講師と第一回生四人・第二回生一人・第七回生一人が一九七一年（昭和四六）に座談会を開き、当時を偲んでいる。

野村保　（奥さん＝りつ子は）三回生の卒業式に間に合わせようという新校舎の上棟式に出られないで、亡くなられた。二月一〇日ぐらいだと思う。そうだっ

たね。紀元節の前の日だったたね。

仙田（二回生）　そうです。雪の降る日でした。

座談会は巣鴨女子商業学校の四〇周年を記念して開催されたもので、三十七年ほどの歳月の経過により、野村講師もりつ子の亡くなった日を「一〇日ぐらい、紀元節の前の日」としている。当時を偲ぶ卒業生の心象風景には、雪の降る日に急逝した恩師・りつ子を悼む深い思いがこめられているのが鮮明に伝わってくる。

良信はりつ子の霊を慰めるため、りつ子が中心的な仕事として尽力したひとつ「巣鴨女子商業学校」の校庭に、歌碑を建立し、

うつし世のえにしはかなく散りぬとも　守らむ園生永久の栄えに

と、りつ子の歌を刻んだ。

社会福祉学者・一番ケ瀬康子は『長谷川りつ子記念集』の解説で、りつ子を「夫を信じ、仏を敬い、ひたすら忍従し、夫の仕事を開花せしめることにのみ献身した

▲長谷川りつ子歌碑

妻の人生」と評している。さらに一番ヶ瀬は五味百合子編『社会事業に生きた女性たち』所収の「長谷川りつ子」のなかで、

良信の「妻」りつ子の人生、マハヤナでもえつくしてはてた三七年の人生について、その歴史的足跡は、いまさらいうまでもないことであろう。それは、日本における近代社会事業のまさに夜明けに、きらめいたひとつの星であり、またそれは、導きの星であったということができる。だが、それは、あたかも十字星のような良信のもとでまたそのかたわらで、良信の放つ光のなかに、とけこむようにかくれ融合したものになりきっている。そしていまや、その存在すらもしだいに人びとは、見失いつつあるようである。

しかし、もしりつ子がいなければ、おそらく良信の、あの雄大で豪放な仕事が、あるいはそのいくつかが、はたして実現したであろうか。あるいはその後の良信はいたであろうか。（五味百合子編『社会事業に生きた女性たち』二七六頁）

と高くその役割を評価している。

りつ子亡きあとの社会事業家・良信を支えたのは、りつ子を姉とも慕っていた「よし子」である。よし子は一九三三年（昭和八）八月に、病気がちな実母利の要請を受けて、愛知県半田市に戻っていた。

風の便りのようにマハヤナ学園園長夫人律子《ママ》姉逝去の報を聞き、伯母の葬儀の合間を縫うようにして西巣鴨へお悔みにかけつけた。ゆらぐろうそくの炎と線香の煙の中に、故人のなつかしい面影。少しずつマハヤナ学園も学校も名を挙げつつあるとはいえ、その陰の経済的苦悶は並々ならぬものがあり、その重みに堪えかね給いしか、三十七歳の若さでと、自ら涙を誘う。

（長谷川よし子『私の人生を語る』一〇一頁）

よし子はりつ子の遺志を引き継ぐように、一九三六年（昭和一一）八月、良信と結婚し、良信とその諸事業を支え始めるのである。

第2部　長谷川よし子

一　生い立ち

明治末の激動期に生まれる

長谷川よし子は明治も終わりに近い、二〇世紀初めの一九〇七年（明治四〇）一一月二三日に、この世に生を授かった。

当時の日本を取り巻く世界情勢を概観すると、一九世紀末から二〇世紀初頭にかけて、世界の列強国が新たな覇権をめざし、近代化の遅れた国の植民地化を推し進めていた時代である。明治維新以来、わが国は、官民あげての富国強兵のもとに近代化をはかり、一八九四年から一八九五年（明治二七～二八）にかけての日清戦争に勝ち、続いて一九〇四年（明治三七）に始まる日露戦争で、大国ロシアを打ち破り、勝利と国威発揚に酔いしれていた。日露戦争の勝利によって景気も上向き、株式は暴騰し続けていた。

よし子誕生の前後の社会状況を振り返ると、前年の一九〇六年（明治三九）に南満州鉄道株式会社（満鉄）が設立され、金融資本の大陸進出が本格化し、民間企業も対外拡張路線を取っていた。こうした世をあげての好景気の一方で、債務の拡大も増大していたため、よし子が誕生した一九〇七年（明治四〇）には、株式市場の大暴落が発生し、平成のバブル崩壊よりも凄まじい落ち込みだったともいわれている。企業の倒産は拡大し、日本は明治維新以来の大不況に見舞われたのであった。

教育行政面では、一九〇七年（明治四〇）に義務教育を六年とする「小学校令の改正」が行われ、文学の分野では前年発表の『破戒』（島崎藤村）や『坊ちゃん』（夏目漱石）が話題を呼び、『婦系図』（泉鏡花）、『蒲団』（田山花袋）が発表された年である。

本書のもう一人の主人公「長谷川りつ子」はよし子誕生の一九〇七年（明治四〇）、満八歳であった。その二年前には、日露戦争の勝利を祝う祝賀行事が全国各地で行われ、りつ子の生まれ育った静岡県三島でも盛大な「提灯行列」が挙行されている。

五歳を迎えたりつ子の脳裏に、鮮明な記憶が残されていたものと想像できる。

実母についての二つの記録

よし子は自分の生い立ちについて二種類の記録を残している。一つは七八歳を迎えた一九八五年（昭和六〇）の著述『私の人生を語る』で、「遍歴の幼児少女体験――里子から尼僧になる」と題する項目に、

ここで、自分の幼少時代について書かねばならない。これまでにも書く機会は何十度あったか知れないが、親がそれほど明かしたくなく思っているのに私が究明することもあるまいと考えたり、確かな証言がなければ明かすまいとすねてみたりして、本音をお話することがないまま今日まで来てしまった。私は、明治四十年十一月二十三日（現在の勤労感謝の日）、愛知県幡豆郡西尾町（現・西尾市）で、永谷要蔵を父に、その妻「のぶ」を母に永谷家の三女として出生した。

（『私の人生を語る』一九頁）

と記している。よし子は続けて、両親や永谷家を取り巻く境遇、養母「青柳利《あおやぎとし》」に

ついて、

永谷家は中農で生活に困る家ではなかったらしい。この要蔵の姉は幼くして愛知県碧海郡新川町字天王の法城寺という寺に入り、髪をおろして「法蓮」と名乗った。（中略）……私が永谷の三女として生まれて直ぐに四女が生まれている。

私は生まれて一ヶ月ののち、「青柳利」という人に請われて、里子に出された。（中略）……青柳利は、結婚して一子を挙げたが、死別し、様々の世のしがらみから逃れようと、当時聖者と呼ばれた山崎弁栄上人の紹介で、この三州法城寺に来た。法城寺よりさらに山の奥の不便な所で念仏修行していたが、ここで子どもを貰って育てたい、と考えたようである。（『私の人生を語る』一九〜二一頁）

と述べている。同書の巻末年表にも、

「一一月二三日　永谷要蔵（父）・のぶ（母）の三女として生まれる」

「一二月　宮参り早々青柳利の養女となるが、入籍せず」

と明記されている（『私の人生を語る』二二〇頁）。さらに出生の公式記録である戸籍謄本の記載を確認しても、間違いなく「永谷要蔵・のぶ夫妻の三女」である。

このため、よし子の生前はもとより、よし子の没後に刊行された『縁《えにし》どこまでも――福祉と教育に生きて』（長谷川よし子十三回忌記念誌。二〇〇八年三月刊）の年譜にも、この「永谷要蔵・のぶの三女として生まれ、生後一ヵ月で青柳利の養女となる」との記述が踏襲され、定説化されてきた。

しかし、よし子は自らの生い立ちについて、もう一つの記録を残していたのである。『私の人生を語る』よりも二四年前、五四歳のときに大乗淑徳学園の広報誌『マハヤナシュクトクタイムス』一七号（昭和三六年八月二五日刊）から二四号（昭和三七年四月三〇日刊）にかけて連載したコラム「母と私」である。筆者は前著『長谷川よし子の生涯』（淑徳選書２、二〇一二年一一月刊）を執筆するに当たり、関係資料を収集調査する過程で、この八回におよぶコラムを見出し、検討を重ねてきた。

コラムがどのような事情のもとに執筆されたのかは不明だが、当時、よし子はマハヤナ学園の撫子園の園長職にあり、文章は比較的気軽な伸びやかな筆致で綴られている。そして定説の「里親・青柳利」について、

①青柳利は一七歳で会津藩出身の海軍士官結城章吾と結婚したが、五年後に夫が病没。そののち、

②思い悩む日々のなかで山崎弁栄上人と出会い、上人の光明主義と念仏に生きる道を見つけ、
③山崎弁栄上人の法座に参じて上人の法話に耳を傾け、念仏に生きることを選択し、
④共に念仏に励む男性と周囲の反対を押して結婚。
⑤しかし、よし子がお腹に宿って間もなく、夫は死亡。
⑥よし子は、父親を知らない子どもとして生まれた。
として「青柳利が実母」と明記している。

『私の人生を語る』で、「これまでにも書く機会は何十度あったか知れないが……（中略）本音をお話することがないまま今日まで来てしまった」と記述しながらも、実は四半世紀前に一度、本音を八回連載のコラムで吐露していたのである。

この点について、よし子の次男の長谷川匡俊は以下のようによし子から聞かされた、という。

『私の人生を語る』を執筆する際に、よし子は実の両親について触れるかどうかを迷っていた。それまで公式なところでは「愛知県幡豆郡西尾町の永谷要

蔵・のぶ夫妻の三女として生まれた」（戸籍上）としてきた。しかし事実は青柳利の子どもとして生まれ、父親に関しては訳があって伏せられてきたのだ。そして利がよし子の実母ということは近親間では周知されていたのである、と。そこでよし子は父親の存在について、今後も今まで通りに伏せておくべきかどうかを悩み、帰依の上人に相談したところ、これまで通りに伏せておくことを勧められた、ということであった。（『長谷川よし子の生涯』一九頁）

以上の考察をもとに、筆者は、「よし子は永谷要蔵・のぶ夫妻の子どもではなく、青柳利の実子であることはまちがいない」と結論づけた（『長谷川よし子の生涯』一九頁）。

弁栄上人の尽力

ところで、よし子の出生が青柳利の実子としてではなく、「永谷要蔵・のぶの三女として生まれ、宮参り早々青柳利の養女となる」と定説化されるに当たり、出生の公式記録である戸籍謄本の「永谷要蔵・のぶ夫妻の三女」の記載のもつ意味は大きい。ではなぜ、戸籍謄本の記載となったのであろうか。

その理由を考えるとき、
①青柳利が心酔する師の弁栄上人の存在。
②その弁栄上人の三河巡錫《じゅんしゃく》の拠点寺院が法城寺で、しかも法城寺は弁栄上人が一八九九年（明治三二）に勧請開山をつとめた、関係の深い寺である。
③さらに、弁栄上人は一九〇〇年（明治三三）に肺炎を患い、数ヵ月法城寺で静養している。
④法城寺の法蓮尼は、弁栄上人の三河巡錫や長期滞在を通して面識があったと考えるのが自然である。
⑤そして法蓮尼の実家が永谷家であり、永谷家の当時の戸主は弟の要蔵である。
などの事実と可能性を重ね合わせると、もしかしたら、
①弁栄上人にとって、弟子の青柳利が家族の猛反対を押して結婚したが、夫が亡くなっての出産という苦境にあり、
②その打開策を、三河巡錫の拠点寺である法城寺の法蓮尼と、法蓮尼の弟の永谷要蔵たちに相談し、
③その結果、永谷家の戸主「永谷要蔵・のぶ夫妻の三女」として出生届を出した。

という可能性が考えられるのではないだろうか。もちろんこの出生届の記載と申請の経緯はあくまでも筆者の推測である。

しかし、よし子の『私の人生を語る』を詳しく読むと、

私は、自分の生まれた永谷要蔵の家には行ったこともなければ、永谷の両親も来たことなどない。（『私の人生を語る』二七頁）

との記述があり、永谷要蔵・のぶ夫妻とはその後の交際が全くなかったと語っているのに対し、後述する「大津から半田への移転」も、法城寺の法蓮尼の紹介であり、よし子は、

三河の法城寺に、（一年に）三、四度、同じ位の弟子が何人かいたので、遊ぶことのみに行った。（『私の人生を語る』五〇頁）

などと述懐し、法蓮尼や法城寺との確かな交流が続いていたことを記録している。こうしたことも、右の推測の可能性を裏づけているように思われる。

二　里親遍歴と幼少時代

実母「青柳利」の生い立ち

ここで、改めてよし子の実母「青柳利」の生い立ちを見ておきたい。

青柳利の実家は小田原藩士の家柄で、利の父親青柳薫平は政治の中枢機関である太政官の少丞という役で、新潟県信濃川の改修工事に単身赴任していた。この信濃川の改修工事は当時の土木工事の最高技術を投入しての、東洋一の大工事といわれる難工事だった。

青柳薫平は単身赴任中に発病し、看病の甲斐もなく二七歳の若さで亡くなった。そのとき妻とく子は二一歳で、お腹に利を宿していた。よし子も父亡きあとに誕生を迎えているが、母の利もまた、父亡きあとにこの世に生を受けていたのである。

青柳利は成長したのち、

①一七歳で海軍士官結城章吾と結婚し、長女「くに」が誕生するなど、五年ほど幸せな時をすごした。しかし夫省吾は病死し、利と幼い長女「くに」が残された。

②その後、周囲から縁談を勧められるが耳を貸さず、誰の勧めなのか定かではないが山崎弁栄上人と出会い、光明主義による念仏修行に励むようになった。当時、夫に先立たれた女性が再婚を勧められるのは当たり前のことであった。しかし利は、地位や財力による幸せではなく、念仏に生きる幸せを選んだのである。

③婚家に幼い長女「くに」を残し、弁栄上人を師として念仏修行を続けていた利は、そこで熱心に念仏を唱える人と出会い、周囲の反対を押して結婚。しかし、よし子がお腹に宿って間もなく、夫は死亡。

④父親の死亡後に生まれたよし子を、父方では引き取りたいと申し出たが、利はよし子を渡すことを断り、三〇日目のお宮参りを済ませた。

▲得度前の青柳利
（のちの智月）

⑤利の意気込みとは別に、現実的には乳飲み児を抱えての修行は無理であった。利は本格的な念仏修行に入るために、乳飲み児を手放す決意を固め、子どもを切望する青山聖天夫妻のもとに持っていた衣類や貴金属などすべてを添えて、養女に出した。

里親遍歴のはじまり

こうして、「青山聖天夫妻」を第一の里親として、よし子の過酷な里親遍歴が開始されたのである。

半年後に利がよし子と再会すると、よし子は衰弱し、今にも息を引き取るかのような痛々しい姿であった。さほど厳しい食糧難の時代でもなく、貧困家庭でないはずの青山家での育児の不適切さを思い、利は怒りを感じたという。利はよし子を引き取って育てることを決意し、よし子は念仏を唱えて暮らす実母のもとに帰った。

やがて、念仏修行と幼児養育の両立がむずかしくなったのであろうか、よし子が数えの三歳の一九〇九年（明治四二）ごろに、岐阜県江木良村の田中留吉家に預けられた。第二の里親であった。

よし子は『私の人生を語る』の「長谷川よし子年譜」で、

一九〇九年（明治四二）一〇月、岐阜県羽島郡江木良村の田中留吉の養女になる（実際は、名古屋市鷹匠町の貞養院住職田中順良の弟子にするためであるが、乳児のため、弟夫妻に預けられる）。

と記している。しかし、ここでもよし子は体調不良となり、二カ月後の同年一二月に田中留吉家から再び利のもとへ戻されることになる。

実母の利の手に戻されると、よし子は次第に元気を回復し、翌一九一〇年（明治四三）三月に、改めて名古屋の貞養院の養女となった。第三の里親である。仲介役は師の弁栄上人であった。

このころの弁栄上人の年譜を逐次追ってみると、貞養院も名古屋巡錫の拠点寺院であり、よし子が生まれた翌年の一九〇八年（明治四一）六月にも説法をし、よし子が養女に入った一九一〇年（明治四三）も二月に滞在している。よし子の「三歳のころ」の写真を眺めると、養子縁組で貞養院に入った折の記念写真ではないだろうか、と考えられる。なによりも一九一〇年（明治四三）ごろにあって個人の写真撮影は珍しく、貴重であり、その正装した姿と相まって「特別の日の写真」と思われるからである。この一枚の記念写真の背後に、よし子の新しい門出を見守る人々のあたたかい思いが込められているように思われてならない。

▲3歳ごろのよし子

よし子は五歳になるまでの二年間を貞養院の養女として育てられ、豊かな自然を遊び道具として、皆にかわいがられる生活を送った。

一方で利は念仏修行を続けている。母、利から聞いたよし子の記憶によれば、よし子が三歳の末か四歳のころに、弁栄上人を導師として、髪を下ろして得度式をしたという（「マハヤナシュクトクタイムス」第二三号）。得度は剃髪して仏門に入ること、すなわち出家であり、その折に導師より戒と仏弟子としての名前を授けられる。利は弁栄上人より「智月《ちげつ》」の名を授けられた。

仏教では師から弟子へ仏法を伝えてゆくことを「師資相承《ししそうじょう》」と呼び、深く重んじている。おそらく利も智月と名を改めることで、弁栄上人の教えの法脈につながる喜びと、身のひきしまる覚悟を自覚したはずである。

大津の念仏寺で、母を師としてすごす

智月はやがて滋賀県大津の念仏寺に入った。当初は住職としてではなく、尼僧としての念仏修行の生活であった。利は静かな寺で念仏を唱え、念仏三昧の生活ができるのを楽しみにし、ようやく念願がかなったと喜んでいた。

けれども急に念仏寺の住職が不在になり、代わって住職にならざるをえない状況が起きた。心ならずも尼寺・念仏寺の住職になると、念仏を唱えてすごすだけでは済まず、葬式や檀家の法事などにも対応しなければならなくなった。

よし子は貞養院と田中家の人々にかわいがられて育っていたが、

他人の中に入ったことは難かしい事が多かった。或る人が可愛がるといってては一人が怒り、可愛がらなければ勿論しかられたらしく、とても家庭内が私一人の為に、可愛がりすぎて問題を起し、これでは子どもを駄目にするから実母の側《そば》が一番よい……。（「マハヤナシユクトクタイムス」第一二三号）

として、実母のところに戻されることになった。

よし子は一九一三年（大正二）の一月に、誰かにつき添われて汽車に乗って名古屋から大津に行ったことを鮮明に記憶している。黄八丈の着物の被布に赤い太い立派な房のついた被布姿だった。迎えてくれる智月尼が実の母親ということもわからず、それゆえに特別の意識も親しみもないために、大津へ行くことに喜びを感じていなかったようである。また、養女となっていた田中家や貞養院への別れの寂しさをよし子が語ることもなかった。

寂しい幼少時代の思い出

滋賀県大津での数年間の暮らしについて、よし子は大変寂しかったとふりかえり、幼少時代の記憶を次のように語っている。

……私の眼前に浮かぶのは、大津の山寺に、孤独であるが、多感な一人の少女のたたずむ姿がそこに出てくるといった光景である。（『私の人生を語る』三三頁）

大正の初年の頃の大津市の街はずれ、山を背にそしてまた、山を前に、その間に京津《けいしん》電車がゴトゴト走る……。（「マハヤナシユクトクタイムス」一二四号）

よし子が眺めた「京津軌道」（現・京阪電気鉄道京津線）はよし子が大津に移る前の年の一九一二年（大正元）八月一五日に、大津〜京都間（一五駅）が開通したばかりであった。

念仏寺は逢坂山の山裾にあり、寺の前を東海道が走り、逢坂山の登り坂を進む電車は速度をゆるめてゴトゴト走行した。京津軌道の開通は地元の話題を集めていただろうし、小学生（大津市南尋常小学校）のよし子にとっても電車の走行する姿は物珍しく車輪の音とともにいつまでも記憶の底に焼きつく印象深い光景であった。

物心ついたよし子の意識としては、母、利（智月尼）に初めて会ったのもこの念仏寺であり、寺の玄関に着き、智月尼が神棚にお灯明を上げているところが映像として思い出されるが、特別な印象や気持ちもなかったそうである。

そこでは、寺の仕事で留守がちな智月尼との母親らしい関わりも薄く、人恋しい思いで寺での生活が続いた。寺では食べ物に不自由しない生活であったが、よし子はいつもどこか空虚感を抱き、寂しさを感じながら幼少時代をすごしたのである。

大津での自分自身の気持ちを「幼い少女のもの淋しさ、懐かしさ」と表現している。

念仏寺の尼僧となった智月尼は、

「自分はこんな職業的な坊さんになることなんか、夢にも思わなかった」

と、当時小学生のよし子に洩らしていたという。このことについてよし子は、

「わずらわしい雑多なしきたりや偏見、いたずらな見栄など、それら全てが嫌で抜け出したはずの俗人の生活にも増して、尼寺の複雑極まりない渦の中に巻き込まれたことをたびたび私に話した」

と幼少のころを思い出している。よし子は、

「そんなことを話されてもよく理解できなかった。学校から帰っても迎えてくれる人がいないために、鍵をあけて家に入る寂しさを感じていた。そして寂しすぎて帰れずに人影を求めて電車の通る通りに、泣きながら智月尼の帰りを待ったこともあった」

と回想している。その侘しい幼少時代を思い出すと、五五歳当時のよし子は、「自分がかわいそうになる」と語っている。そして、そのころの智月尼は日常の労働の過酷さと疲れから、いらいらすることが多く、よし子はよく叱られたという。よし子は小学校二年生頃から洗濯や食事作りなどの家事も日常的に行い、遊ぶ時間もなく、子どもらしからぬ生活をしていた。

変転するこの流れを「里親遍歴」と言い、自らを「いかにも哀れでならない」と表現し、晩年になってからも母親が実子を養女に出した対応に疑問をもっていた。そして、次々に養女に出されたことが「自分で最も好まない冷たくかたくななタイプ」の性格を生んだ発端となった、とよし子は感じている。

幼少時に実母から受けることの少なかった愛情が、のちに、夫・長谷川良信を助け生涯をかけて実践した「マハヤナ学園」での、児童養護施設の活動における子どもたちへ注がれた愛情のエネルギーに変わっていったと言えるであろう。

よし子の成長、特に信仰的な面で大きな影響を与えた「母にして師」の智月尼をよし子はどのようにみていたのだろうか。

よし子は大津の念仏寺で生みの母親である智月尼を実の母と知らされずに一〇歳ごろまですごし、育ての母親であると信じていた。よし子は、「智月様」と呼び、一緒に生活していたときも、「お母さん」と呼んだことがなかった。それは、育ての親と信じていたためだけではなく、智月尼がしつけ教育に厳しく、親としての親しみを持つことができず、あくまでも「師」という感覚であったからである。また反対に、「お母さん」と呼ぶことができないことから親子の溝を深めたことになったと、晩年に回想している。

愛知県半田市の応称院に移る

一九一九年（大正八）、よし子が五年生のときに、愛知県半田市の寺に誘われて、智月尼は引越しを決意する。具体的には寺が無住になるために応称院を預かってほしいという依頼が、よし子の戸籍上の叔母の永谷法蓮尼から智月尼にあり、念仏寺の跡を託せる後任を見つけて、智月尼とよし子は半田市へ転住したのである。

応称院には永谷法蓮尼の妹弟子・貞全尼が止住していたのだが、その貞全尼が亡くなったための依頼であり、「寺務を手伝うから来住して欲しい」と書き添えられていた。

大津市南尋常小学校の級友との別れもそこそこに大津に別れをつげ、愛知県半田市の応称院での暮らしが始まった。尼寺が多い半田の新しい土地でも、智月尼は次第に周囲からの信用を重ねていった。けれどもそのことがかえって近隣の尼僧からねたまれ、「尼僧になんて、なるものではなかった」とよし子にこぼしたという。

当初、半田で生涯をすごすことになるという意識もなかったようであるが、移住して一〇年ほどたったころ、智月尼は半田の地を「生涯の住居」と定めた。最期は東京のよし子の家で看取られているが、移住後は半田に暮らし続けていた。

思えばよし子の生涯において、合わせて一四～一五年の期間を実母の利と生活を共にしていたことになる。口やかましくて気難しい厳格な母親を、よし子は敬遠し親しみも持てずに暮らした。ひとりの人間としては立派な人であったが、母親としては「嫌い」だったと表現している。特に口やかましく、几帳面すぎて「スキ」を見せない生活態度への不満が強かった、という。（「マハヤナシユクトクタイムス」一七号）

　半田の応称院に来てからの智月尼は持病があったわけではないが、身体の不調を訴えるようになり、床に伏すことが多くなった。このために母親の看病や家の手伝いのために、よし子は学校を休まざるをえず、大好きな学校を休むのが何よりも辛かった。ただ家の手伝いをすることが母を喜ばすことであり、よし子は小さいころから行儀もよく、子どもらしからぬ大人びた子どもとして育っていった。

よし子は、誕生直後から「里親遍歴」をくりかえしてきたが、一方では幼少期から一貫して寺での生活をしてきたとも言える。

①名古屋の貞養院　まず最初に三歳から五歳の頃までは養女として名古屋の貞養院で育てられた。よし子の頭髪は数え年の五歳くらいで剃られていたという彼女自身の記憶があるものの、正確な剃髪時の記憶はないようである。よし子は、

　私が名古屋から大津に移った数え年五歳位の時、すでに頭髪を剃られていた。初めて剃られた時は痛かったであろうし、悲しくて泣いたのではないかと思うのに、私自身は全く覚えていない。（『私の人生を語る』三三頁）

と述懐し、寺での生活が日常的であり、尼僧になることはごく当たり前に考えていたのであろうし、剃髪することもわれわれが考えるよりも、よし子にとっては特別なものではなかったのかもしれない。

②大津の念仏寺　次に、滋賀県大津市の念仏寺にいた母の智月尼に引き取られ、六歳ごろから一二歳の小学校五年生まで尼寺の念仏寺で生活することになる。

③半田の応称院　そして三度目が愛知県半田市の応称院である。一二歳から一九歳まですごした。

よし子は五年生に転入した半田尋常小学校を卒業するとき、成績が良かったために、小学校の恩師を含む周囲から高等女学校への進学をすすめられた。しかし僧侶になることを心に決めていたよし子は迷わずに高等小学校を選び、卒業後に京都の尼衆学校に入学することを切望した。

弁栄上人を導師に得度し「栄月」と改名

よし子は一九二〇年（大正九）四月に高等小学校へ進み、勉学に励んでいた。同年八月一二日に智月尼の師匠である光明主義の山崎弁栄上人によって得度式が執り行われ、「栄月」の名を授けられた。
よし子はその折の記憶を、
大正九年高等小学校一年の一学期の夏休みに入ろうとした頃であった。光明主義の山崎弁栄聖者がご来半になり、その機会に私の正式得度式の話が出た。その折、女学校の話も出て、弁栄聖者が、
「それなら一寸《ちょっと》頭髪をのばして女学校へ行きますか」
と言われたが、その様子や言葉がいかにも滑稽に見え、五、六人いた人達がクスクス笑い出し、聖者もお笑いになった。聖者のその時の金歯の光を今なお覚えている。（『私の人生を語る』四七頁）
と記録している。弁栄上人を囲んでのなごやかな談笑風景が伝わる文章である。このとき弁栄上人は六二歳で、席のあたたまる間もなく全国を巡錫する超多忙な毎日だったが、八月一八日に始まる「唐沢山第二回別時念仏会」（七日間）を前にして、半田の応称院に立ち寄ったのである。よし子の文章では談笑のあと、
翌々日に私の得度式が行われ、「栄月」と改名。小さい白衣を着ていたよう

に記憶する。（『私の人生を語る』四七頁）

としているので、弁栄上人は多忙のなかで三、四日間ほど滞在したと推測できる。弁栄上人を導師とする母子二代の得度が、唐沢山別時念仏会の直前に、上人のお声がかりで行われた意味は大きい。

諏訪湖を臨む信州唐沢山阿弥陀寺は念仏三昧発得の聖者弾誓上人（一五五二〜一六一三）が開山し、徳本上人（一七五八〜一八一八）も修行された聖地である。弁栄上人は前年（大正八）八月一八日にこの弾誓上人ゆかりの地で、第一回「唐沢山別時念仏会」を始めており、一週間後に第二回「唐沢山別時念仏会」が迫っていた。

おそらく応称院滞在中に、唐沢山の開山の由来や弾誓上人への深い帰依の念や、「唐沢山別時念仏会」への意気込みなどを熱く語ったであろうと想像できる。そして弁栄上人はわずか四ヵ月後の一二月四日に遷化されるのである。この第二回が上人にとっての最後の記念すべき「唐沢山別時念仏会」であった。

のちによし子が、弾誓上人が修行し入定した京都古知谷の阿弥陀寺に行ったのも、長じてから時間を作っては唐沢山別時念仏会に熱心に参じたのも、大巌寺別時念仏会を発願したのも、「弁栄上人の法灯を汲む念仏信仰の持ち主で、ゆるぎない信念の人」として生きたのも、その源泉のひとつは一九二〇年（大正九）夏の弁栄上人による得度と、その折のなごやかに談笑する弁栄上人との忘れえぬ心象風景だったと思われる。のちに重要な意味をもった得度とその折の弁栄上人との出会いも、高等小学校一年生のよし子にとっては、

（得度式の）翌日から生活が変わるでもなし、普通の絣や縞（の着物）を着て学校へ行き、何の変わりもなく過ごした。（『私の人生を語る』四七頁）

とあるように、ごく自然に執り行われた通過儀礼のひとつであった。幼いころから尼僧として仏門へ入ることに迷いはなかったし、特に、愛知県の三河地区はもともと剃髪した尼僧が多かったので、違和感がなかったとも考えられる。

高等小学校二年で中退

得度ののちも学校へはそれまでと変わることなく通っていたが、翌年の一九二一年（大正一〇）に高等小学校を二年生で中退している。この中退について「自分の意

地」（『私の人生を語る』四九頁）のためと記しているが、このころから本格的に京都の尼衆学校への入学を希望している。

しかし、身体が弱かった母親がそばにおいて自分の手伝いをさせるために京都へ行かせることを嫌がり、よし子の尼衆学校入学の願いはなかなか思うように実現しなかった。この身体の弱い母親について、

そのしわよせは私の方にきて、常に多くの用事を云いつけられ、私は毎日子供の頃、心行くまで遊んだ記憶が少ない。（中略）母が弱いから私を遠くに勉強に出してくれず、伯母に相談しても、一人きりの母を捨ててもよいか等いわれて、人より四年もおくれて専門教育を受けた。病人で寝ているのでもないのに、自分の用をさせる為に自分の子供がこんなに勉学を望んでいるものをと（中略）世の常の子のように母を慕うことができなかった。

（「マハヤナシユクトクタイムス」一七号）

と、よし子は五三歳のときに回顧している。

尼衆学校への入学を希望しているもののそれもかなわず、高等小学校に通学しても卒業後の希望がないため、通学を無意味に感じて中退したいと考えたのであった。

三　尼衆学校

尼衆学校への入学を熱望

中退後、裁縫の師匠のところへ通って和裁を習い、女学校講義録を取り寄せて独学をし、『浄土宗全書』など宗門関係の仏書を勉強し、浄土三部経は横の仮名を見て独習を行い、中退後もよし子の勤勉さは変わらなかった。厳しい状況で独習を重ねつつ、身体の弱い母親を助け、家事もこなす生活を送っていた。

一九二四年（大正一三）の数えの一七歳になるころから、応称院の尼僧としての修行や寺役を本格的に行うようになった。実際に信者の家の法要に法衣を着けて出かけ、念仏を称えることも実施していた。通夜のときなどは夜一一時から明け方まで睡魔と闘いながら念仏を称えることもあり、いつも自らに厳しく前向きなよし子も尼僧が嫌になったことがたびたびあったようである。

特に、今よりもさらに女性や尼僧の社会的地位が低いことから起こる不満も含まれていた、と言えよう。尼僧として独り立ちがかなうように学びたい、母親の手足になって終わりたくない、との思いが強く現れたときに不満は倍加した。確かに、母の智月尼はよし子の教育や将来についてどのように考えていたのか定かではない。高等小学校中退後の応称院での生活についてよし子は、

念仏しつつも若さの発散もできないでムザムザと過ごした四年間、空しくわびしく、また、悲しかった。（『私の人生を語る』五一頁）

と表現し、死んでもよいから家出をしたいとも考えていたようである。これらの言葉からも向学心に満ち、日常生活に不満を持ちながらも、学ぶことを渇望していたことが理解できる。

尼衆学校への扉が開く

やがて、尼衆学校への道が開けぬことに落胆し、怒り、あまり口をきかなくなったよし子の姿に智月尼もようやく気づいた。

そのうち、私があまり口を利かなくなったので、母も気づいたのか、多少態度が変わり、それでは鎌倉の姉に一度相談に行き、学費を出して貰わねばと、重い腰を上げた。初めて私は鎌倉の湯地家へ母と二人で出かけた。

（『私の人生を語る』五一頁）

よし子は母に連れられて鎌倉の湯地家を訪ね、伯母湯地照や祖母青柳とくに会う。

平素えがいていた伯母、祖母に逢うのはとても嬉しく、打ちとけて話もできた。伯母には、学校のことを母から頼んでもらい、了承を得た。

（『私の人生を語る』五二頁）

伯母（湯地照）は尼衆学校への学資援助を快諾してくれたのだ。望外の結果に、よし子は舞い上がらんばかりに喜び、慣れない伯母の家を早く出て半田の応称院へ帰りたくて、母親をせきたて、五日ほど滞在して帰途についた。

こうしてよし子は一九二六年（大正一五）四月、京都の浄土宗の尼衆学校の吉水学園へ入学することができた。積年の願いが実現し、よし子は希望に満ちて五年間入寮しながら学問を修めた。尼衆学校の夢のような生活について、

人間としての自我にめざめ、また尼僧としての生き方を確立してきた頃であって、私の人生に明るさと自信を取り戻した時代であった。

（『私の人生を語る』五五頁）

とのちに総括している。

尼衆学校の教育

ここで、よし子が学んだ尼衆学校（のちの吉水学園。浄土宗尼僧の教育道場。現存せず）についてみておきたい。

一八八七年（明治二〇）に京都の華頂山のふもとに、福田行誡《ぎょうかい》和上の門弟である内田貞音《ていおん》と輪島聞声《もんじょう》（のちの淑徳学園校祖）の発案により、尼衆教場が設立され、浄土

宗学京都支校附属尼衆教場として開校された。内田貞音が尼衆教場の監督、教授に就任した。当初は総本山・知恩院の入信院が仮校舎であった。

開設当時の修行年限は三年間で、学習内容は中学校程度であり、宗乗（浄土宗の教義）、余乗（浄土宗以外の仏教教義）、国語、漢籍、習字、作文の六教科の学習が行われていた。のちには学習内容に茶道や裁縫が加えられ、修行も延長されて四年間となり、さらに歴史、地理、数学、理科という普通教科も加わった。

当初の生徒は平均年齢二二歳から二五歳で一〇数人が学んでいた。卒業生は住職となる者だけではなく、母校の教授として後進の育成に努める者、社会事業に従事する者など、さまざまな場での活躍がなされた。

一九一二年（明治四五）には独立した尼衆専門の学校となった。ここでは尼僧を教育し、教師を育成することを目的としており、得度している尼僧であることが入学の条件となっており、入学試験には経典の訓読もあった。学習科目は宗乗、余乗、修身、国語、漢文、歴史、地理、数学、理科、音楽、裁縫、手芸等であった。

そののち、尼衆学校は尼僧の教師を養成する目的を付加させ、尼僧教師、教師補を養成する教育機関に変更され、四年間の修行年数も一年延長され、五年間に変更することになった。これが一九二六年（大正一五）のことであり、ちょうどこの年によし子は尼衆学校に入学している。

講義科目は倫理学、語学（英語）、社会学などの一般教養科目が大幅に増え、それ以外には社会事業が必修科目として増えることになった。よし子は新しく学ぶ教科は知識を吸収でき、楽しいと感じていたが、理数系が苦手で苦労したようである。

社会見学、寮生活、門主賞

一九二五年（大正一四）から生徒にとって最高の喜びとされた修学旅行が実施され、毎年、少しずつコースを変更しながらさまざまなところへ出かけている。よし子の在学期間中は四国、中国地方、北九州、東京等が行き先となっていた。

また、修学旅行以外にも社会見学と称して、社会事業施設見学も行われた。隣保館や吉水会の累徳学園（現在で言う保育所・学童保育・更生保護）などである。隣保館等で細民地区の実態である利用者の厳しい生活をかいま見た生徒たちは、貧困状態の現実に驚き社会事業の活動の意義に動かされ、卒業後に社会事業関係に進む人が増えたようであった。

このような学習により、浄土宗の教えが実践的に生かされていくようになっていったのである。

尼衆学校や寮での生活は早朝五時の半鐘とともに起床し、洗面後に浄土宗の日常の勤行や外周辺の清掃を行った。冬の朝などは真っ暗で街路を掃くことも容易ではなかったが、季節を問わずに行われた。食事は魚肉類はなく一汁一菜であり、間食などで菓子類を食べることも禁止されていた。

もちろん男子禁制であり、今の時代の同年代の女性には想像もつかない世界の生活であったこのような生活を、有意義な学生生活であり女性ばかりの明るい寮生活だった、とよし子は表現している。

このことからもよし子が尼衆学校への入学をどれほど切望し、充実した毎日を送っていたかを想像することができる。何よりもよし子は毎年、同学年中で一番の成績を修めており、卒業時には学業成績・人物ともに優秀な者に授与される浄土宗門主賞の栄誉に輝いている。また一九三一年（昭和六）三月の卒業式には総代として答辞も読んでいる。学修の成果であるわけであるがそれだけでなく、誰にも負けない

▲吉水学園の正門

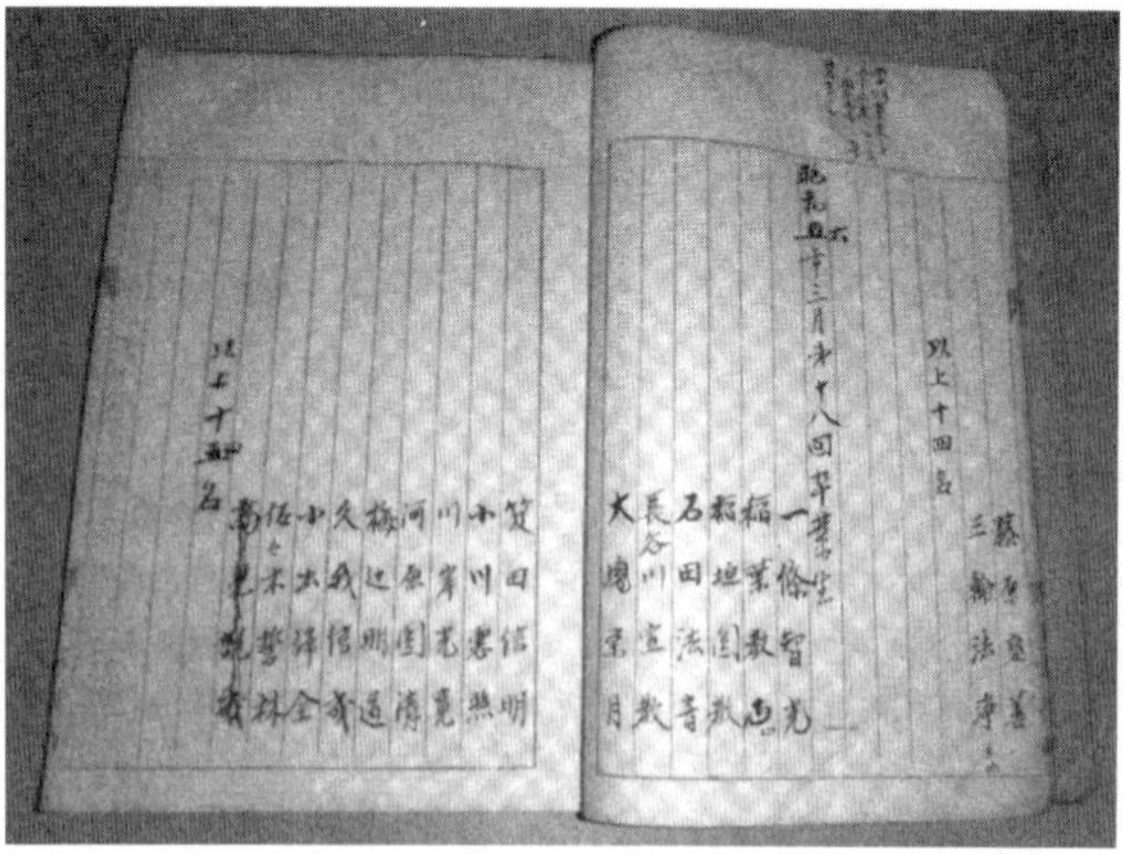

▲第 18 回卒業生名簿（右から 6 人目が大場栄月）

という強い意志と勝ち気な性格が見えてくるようである。

よし子たちの卒業生は一条智光など計一四名であった。吉水学園を訪問し、歴代の卒業生名簿を閲覧すると、「第十八回卒業生」の名簿のなかに「大場栄月」の名がある（前頁の写真参照）。同じく吉水学園の校史には、一四名の卒業生の名前を列記したあと、

　このなか、一条智光尼公は信州善光寺大本願に、久我信成尼は京都三時知恩寺に普董、雲井高秀尼は仏教専門学校に進んで宗余乗を研鑽した。大場栄月尼は東京《マ》女子大《マ》学に進んだ……。（『吉水学園史』一二五頁）

と明記されている。

同級生の一条智光尼はのちに大本山善光寺大本願法主となり、よし子の合同学園葬に香語を寄せ、その香語は『長谷川よし子先生追悼集』の巻頭に収録されている。

尼衆学校を卒業して大学で学ぼうと思ったよし子であったが、尼衆学校が京都市が認めるのみの学校であったために、尼衆学校を卒業しても大学への入学資格が与えられなかった。そのため入学を希望した日本女子大学校では聴講生としての身分で学ばざるをえなかった。

四　マハヤナ学園訪問

日本女子大学校社会事業科に入学

よし子は一九三一年（昭和六）に尼衆学校（吉水学園）を卒業すると、聴講生として日本女子大学校社会事業科に入学した。

鎌倉の叔母（湯地照）の家から東京・目白の大学校まで、一時間半かけて半年ほど通学した。しかし早朝の通学が叔母宅に迷惑がかかると考え、浄土宗の尼寺・西方寺（東京牛込）へ転居し、徒歩一五分で大学校に通った。

このころの大学校は学生の住居を厳しく管理し、地方出身者には基本的に入寮を命じていた。当時の日本の教育は男女別で実施されており、原則として女子は高等学校・大学に入学できなかった。このため、大学部として開設した日本女子大学校は大学への昇格をめざし、まず予科高等学部を一九二七年（昭和二）五月に開設し、そののちに渋沢栄一や大隈重信らの協力により、女子大学校となっている。

よし子は入学から半年後の一九三二年（昭和七）一月以降、全く登校せず同年三月に退学することを決めている。聴講生であって、正規の大学生として認められないということも、退学の理由のひとつであった。そして退学をしたものの、学問は続けていきたいという強い希望を持ち続けていたために、東洋大学の二部への入学を決めた。

東洋大学社会事業科に転学

このころの東洋大学は、一九二一年（大正一〇）二月に専門部社会事業科（夜間）を新設し、一九二八年（昭和三）に社会事業科を社会教育事業科と改称している。当時、昼間の大学ではよし子が希望する社会事業を学べるところがなかったため、昼間は図書館で勉強しながら夜間の大学で学ぶことを考えた。夜間の大学は男女共学で年齢や職歴もさまざまな人々が社会事業を学んでいたため、切磋琢磨し合いながら大いに学べる環境であることに満足した。

東洋大学で学び始めてからすぐに、尼衆学校時代に社会学の稲垣先生から東京の西巣鴨に浄土宗系の「マハヤナ学園」という隣保館があり、一度訪ねてみなさいと見学を勧められていたことを思い出す。それは大学で学ぶ机上の学問だけではなく、実践現場での見学や体験などの実学が社会事業には必要だと感じたためであった。

この社会事業の実践を重要視する感覚と行動力がよし子の持つ特長であろう。自らの生活に区切りをつけるように修行に出たり、大学を中退したりと、これまでの生き方をみても、自分で自らの道を切り開いていく力と生命力が感じられる。

また、マハヤナ学園の長谷川良信・りつ子夫妻は前年（一九三一、昭和六年）四月に、良信の恩師渡辺海旭を初代校長に迎えて「(財）大乗学園巣鴨女子商業学校」に改組するなど、多方面にわたる教育・社会事業の実績をあげ、同四月の観桜御宴に夫婦揃って参列するなど、高い評価を受けていた。

マハヤナ学園訪問と住み込み

寄宿先の潮泉院の青柳師に話すと、師は好都合なことにマハヤナ学園を知っており、「よかったら連れて行ってあげよう」と言われ、さっそく市電に乗り、マハヤナ学園を訪ねた。当時は、現在の淑徳巣鴨中学高等学校のある旧中山道沿いの東京都豊島区西巣鴨に位置していた。これがよし子のマハヤナ学園との縁《えにし》の始まりであり、よし子の運命を変える大きなきっかけとなった。よし子は、

いろいろと説明され、明日からでもよかったらいらっしゃいと言われ、その日は各所を見学した。（中略）マハヤナ学園を最初に訪れたのは、昭和七年七月だったと思う。（中略）その日は辞することにした。ちょうど当日は「とげぬき地蔵尊」の縁日でもあったので、青柳師のはからいで地蔵通りを歩き、珍しげに子供の頃の祭りの日を思い出し、たくさんの店を見てまわり、やがて巣鴨駅に出て、また白山まで市電で帰った。（『私の人生を語る』七五～七六頁）

と記し、続けて、マハヤナ学園訪問の帰途、縁日で賑わうとげぬき地蔵通りを巣鴨

駅まで歩き、子どもの頃の祭りの日を思い出した様子を綴っている。さらに、

翌日から西巣鴨のマハヤナ通いが始まった。当時道路に面したマハヤナ学園の一番広い部屋が「全日本私設社会事業連盟」の本部で、丸山鶴吉先生が理事長、地方から先生達が意見を持って来られたりしていた。（中略）私は、時には、保育室の方に手伝いに行き、時には医務の方に顔を出したり、忙しい時にはどこへでも手伝うので、良く言えば重宝だが、別の意味では宿なしの人間であった。自分は給料を頂いているのではないから、休んで図書館へも行ったし、また頼まれて学校の方も手伝った。（『私の人生を語る』七六頁）

と当時の様相を活写している。当時、良信は「全日本私設社会事業連盟」の常務理事であった。

やがて少年信愛会の女子寮生がいるので、ぜひマハヤナに泊って見てくれないかと、長谷川だったか、律子夫人からだったか頼まれ、何度も言われてついに意を決して、マハヤナの本館、理事長夫妻、女子寮生、その他十人ほどが住んでいる家の、極く小さい、部屋ともいえない、物置き小屋のひどい二畳の間に住むことになった。（『私の人生を語る』七六〜七七頁）

とマハヤナ訪問から女子寮（暁紅寮）に住み込むまでの経緯を細述している。

一方、前述（二二四～二二五頁）したように、りつ子が書き残した「日記」では、

> 十八日（中略）大場栄月氏、本日より暁寮にくる、病人の世話をして下さる。
>
> （『長谷川りつ子記念集』四九頁）

と昭和七年四月の出来事と明記している。おそらく七八歳の折りの回想記『私の人生を語る』の「七月訪問」の記述は、よし子の勘違いであろう。そして巣鴨地蔵尊の縁日が「四の日」ごとの開催であることを考えると、よし子のマハヤナ初訪問は「昭和七年四月四日」か、「四月一四日」と推定できる。

りつ子の「日記」で確認すると、四月四日は翌五日の新年度始業式の準備に忙殺されており、青柳師とよし子の訪問に対応できる状況には見えない。さらに言えば、東洋大学（二部）に転校し、図書館で勉強を始めるなかで、尼衆学校時代の稲垣先生の助言を思い出した点を考慮すると、四日よりも一四日の初訪問が妥当と考えられる。

マハヤナ学園での体験

学問を進めたいとの強い希望のなかでの実習であったため、よし子は、いったんは寮に住み込んで手伝ったが、二畳一間の環境の悪さや忙しさで勉強ができないことを理由に、やがて、学園での住み込みを断る。

住み込みの要請はよし子の働きぶりが認められたとも考えられる一方で、いかに当時の学園が人手不足の厳しい状況で運営されていたかがわかるエピソードでもある。

しかしマハヤナ学園での実習において、よし子は初めて最下層の人々の生活にふれ、いわゆる貴重な「現場体験」をしたと言えよう。よし子は晩年期に実習中の自分を、

さまざまな出来事が社会を知らない自分を一人前に成長させ、社会の底辺の問題を知ると同時に円満に温かく対応できるように勉強しなければならないと考えるように変化していった。（『私の人生を語る』八五頁）

とふりかえっている。特に実習中によし子は子どもに対し、他人に迷惑をかけないよう、日常生活のしつけを教えていたという。そして、

みなし子とか、家庭があっても親が子をみないといった子供ですから生活が乱れていました。私は子供には家庭が一番大事だ、家庭生活で母親が子供をしっかりみて育てないといけないと常日頃考えていましたから、娘時代の不幸せな子供を良くみてあげたいと、いつも考えていました。

（『マハヤナ学園七〇年の歩み』五頁）

と、自らの実習中の姿勢を語っている。このようによし子は実習を通して、自らをふりかえり、今までの自己とこれからの生き方を考え、内省的な問いを立て、考えながら実習を通して学んでいた。

また、よし子はのちに、初めてマハヤナ学園を訪問した折りの印象を、

いろいろ見学させてもらいましたが、マハヤナ学園の保育園や事務所、給食所が粗末なのには驚きました。当時は建物の古材を薪として燃していたので、部屋は煙たいし、社会事業とは、こういうことなのかと、妙に納得したものです。（『マハヤナ学園七〇年の歩み』五頁）

と述べている。

りつ子と出会い、姉とも慕う

ここでよし子は、実習中に良信の前妻である長谷川りつ子と出会う。よし子はりつ子に実習で世話になりながら、姉のように慕っていた。よし子は実習中に困ったことが起きると、すぐにりつ子に相談し、的確な指示を得て対処していた。

よし子がかつて経験したことのない、社会の底辺で生きる人々の血なまぐさい問題に戸惑ったときにも、よし子は「りつ子先生」を頼りにし、対象者との関わりの手本としていた。この実態について、

何でもないような話であるのに、その当時の自分には相当なショッキングな出来事であって、それでもそうした出来事等が私を一人前の人間として成長させてくれたし、結構様々な男女のことなどについて、聞いても、話してもそれほど恥だと思わなくなり、これ等こそ、社会の底辺の問題として知ると同時に様々の処置をできる限り円満に、温かくして上げることを勉強しなければなら

ない、と考えるようになった。（『私の人生を語る』八五頁）

と、実習の実践的な学びを語っている。よし子にとって衝撃的な出来事も「りつ子先生」の指導のもとにやりこなし、経験として積み重ねていったのである。そして、社会事業は、互いの心の交流から生まれるものであって、理屈や理論ではなかったのであった。（『私の人生を語る』八二頁）

と、実践から得た実感としての言葉を残している。さらに、貧しい人々の生活を目の当たりにしながら、

可哀そう、何とかならないものかと考えるだけで、自分の志す社会事業の対象者であるこれらの貧しい人々の苦しみを、肌で感ずることは出来ても、それ以上はいかんともなし難く、情けないと思った。（『私の人生を語る』八六〜八七頁）

と一歩踏み込んだ感想も述べている。

りつ子の仕事ぶりに影響を受ける

なによりも、マハヤナ学園でのりつ子の献身的で奉仕の精神に満ちた仕事ぶりに、

▲静岡・土肥での夏期学校

よし子が影響を受けたことはまちがいない。また、社会事業を支える妻の役割を共に生活しながら身近で学び、その後のよし子の生き方のモデルとなったと考えられる。

マハヤナ学園での実習は充実した内容であり、のちのよし子にとってさまざまな面から大きな影響を与えるものとなった。

このころのよし子は、それまでにも増して勉学の意欲に燃えており、東洋大学の講義や学習を通して、学問上では誰にも負けない自信を持ち、充実した日々を送っていた。

同年八月、東洋大学で小学生を主体に中学五年生まで五〇人ほどを募集し、静岡県の土肥温泉で夏期学校が開催された。

よし子は尼僧としての立場を気遣いながら、

私は、自分は普通の女性でないこと、水泳ができないことなど、男性の中に参加することに大いにためらいもあったが、何事も経験してみたいという意欲は旺盛で、勉強にもなることではあり、思い切ってやって見ようと決心した。炊事の指導や盛り付け等々、伊藤さんと私と、保健婦さんの三人の女子で受け持った。（『私の人生を語る』八七頁）

と記している。

翌一九三三年（昭和八）に、マハヤナ学園園長の良信から、増上寺で開講される「児童教化員養成講座」への参加を勧められ、受講した。この講座は浄土宗の日曜学校での指導資格が得られるものであった。日曜学校とは創作童話の実演や新讃仏歌の製作編集などの活動を行い、子どもたちへの宗教的情操教育を実践する場であった。

五　良信との結婚

腎臓病に苦しむ母の要請

このころ半田市に住む母の利が腎臓病に罹り、東京から戻って来て欲しいとの要請を受けた。よし子が二六歳のときである。

母親の病気は気になるが学業が面白くて仕方がない現状で、後ろ髪を引かれながら半田市へと帰った。そのときは半年ぐらいで東京に戻れると考えていたが、母親の病気がおもわしくなく、再上京をあきらめざるを得ない境遇となっていった。

半田市に戻ったよし子に、マハヤナ学園の良信から、名古屋市に少年保護観察所ができるため、「少年保護司」になるようにとの要請があった。「少年保護司」とは旧少年法における少年裁判所（一九四九年、昭和二四）に家庭裁判所ができて廃止となるが、少年の保護処分を司り、審判に関与する者である。

姉とも慕うりつ子も、良信と結婚した一九二五年（大正一四）一〇月に東京少年審判所保護司となっていた。よし子は良信の勧めを喜んで受け、良信の紹介状を持参の上、名古屋の少年保護観察所の所長と面談し、話し合いの結果、その場で少年保護団体を設立することを決めた。

一方では、母親の病気が治り次第東京へ戻って学問に励みたいという心も動き、今、学問をやめてしまうのは中途半端ではないのかと心乱れる状況でもあった。

少年保護団体「有明教園」を開設

けれどもよし子は、嘱託保護司の活動を実践しながら学問をした方が有効ではないか、と考えを固めた。翌月には自らの住まいでもある半田市の応称院に、母の利を園長として「少年保護団体・有明教園」を開設している。

この決断の早さと行動力を支えるものは、よし子自身の信念や理念の発現であると同時に、マハヤナ学園での住み込みの実習体験からくる自信であったと考えられる。これがよし子にとって初めての社会事業の取り組みとなるのであった。

有明教園は女子一〇名定員の保護施設であったが、多いときで六名ほどの少女を預かっている。よし子はなるべく閉鎖した環境を作りたくないという理念のもとに施設を運営していたが、少女たちは隙をねらっては盛り場等へ出かけて行った。いわゆる脱走である。

よし子は「脱走」と言わずに「出かける」という言葉を使うようにしていた。実際は、警察に保護されることも珍しくなく、煩わされることも多かったが「お出かけ」という言葉使いには、少女たちの心情を察し、生活の場として対応しようとする、よし子の優しさや子どもを大切に思う姿勢が感じられる。

当時、このような民間の施設に対する国の援助は乏しく、経営は成り立たない状況であった。そのためほとんどの施設は寄付や事業者の私財で賄われていた。有明教園は寺だっただけに周囲からの信頼も厚く、衣類や食物等の寄付が多くあったようで、地元での応称院に対する信頼の厚さがうかがえる。

こうした保護施設の運営のかたわらで嘱託の「少年保護司」の仕事も行っていた。

このころのことを、

仕事は面白いほどうまく行き、若さと健康に恵まれ、意気揚々として自信に満ち、幸せであった。（『私の人生を語る』一〇二頁）

と表現している。このころ名古屋少年保護観察所管内で、女性の嘱託保護司は三名、ほとんどが男性であったために、自信を持って男性に負けまいと仕事に立ち向かっており、その実践を支えるための勉強にも必死に取り組んでいた。

朝は五時から夜は一二時過ぎまで働いても、疲れなど覚えることもなかった。ここではよし子自身が全く経験したことのない、陰惨な少年たちの問題に対し、真正面から立ち向かい、繊細な少年たちの心を気遣いながらケアを行っていたことがわかる。

▲有明教園主事のころ

よし子自身は、宗教的な教えと少年保護事業の関係について語ることはほとんどなかったが、女性として少年保護活動を実施し、経済的な厳しい環境下で実践を試みた毎日に、宗教の支えがあったことはまちがいないであろう。

伯母「照」と「りつ子」の死

一九三五年（昭和一〇）三月四日に、鎌倉に住んでいた伯母湯地照がガンで死亡した。享年七〇であった。社会事業も軌道に乗り始め、これから恩返しができるだろうと思っていた矢先であり、幼いころから世話になっていた伯母の死は、非常に悲しい出来事であった。

ちょうど同じころにりつ子の訃報を風の便りに聞く。

伯母の葬儀の合間を縫うようにして西巣鴨へお悔やみにかけつけた。ゆらぐろうそくの炎と線香の煙の中に、故人のなつかしい面影。少しずつマハヤナ学園も学校も名を挙げつつあるとはいえ、その陰の経済的苦闘は並々ならぬものがあり、その重みに耐えかね給いしか、三七歳の若さでと、自ずから涙を誘う。

（『私の人生を語る』一〇二頁）

よし子は、享年七〇の伯母湯地照と、享年三七のりつ子の二人の女性の死を思い、見えない苦労を重ねた二人の死に感傷的な気持ちになったのである。

その後、よし子は、「マハヤナ学園を手伝ってくれないか」という良信からの結婚の申し込みを受ける。よし子は悩み、考えたすえに、決断して東京のマハヤナ学園を手伝うこととする。有明教園を開設して二年半ほどのことであったが、寺と施設の後継者として尼僧が責任をもってくれるということが決まった。

良信からの結婚の申し込み

よし子は、「尼僧は職業ではない」と言い切り、尼僧とは「人の生き方」であると考えていたように感じられる。

言いかえれば、一般家庭と切り離した日常のなかに、信仰心を起こして修行や勤行、作務、学問をし、自ら尼僧としての道を切り開いていくものである。自分の生活を豊かにするために財を蓄えるのではなく、俗人と同じ行為をするものであってはならない。俗人と異なる行動をとれるように修行をするのである、と。

したがって僧籍にある人がそのまま結婚して子供をもつ尼僧もいるが、よし子としては尼僧は職業ではないのであるから、それはおかしなことであると考えた。結婚すると夫のことを考え、子どものことを優先的に行うようになる。そうすると財を蓄えると同じように自分たちのことにしか意識が向きにくくなるはずだ。だから尼僧として生き、生涯を社会事業に従事しようと考えていたのである。

しかし良信から結婚を申し込まれると、

もともと結婚するなら自分の師となる人、尊敬できる人と思っておりましたので一七歳の歳の違いを乗り越えて一緒になるようになったと思う。

（『マハヤナ学園七〇年の歩み』五頁）

と次第に変化していった心境の一端を回想している。ここには子どものころから寺で生活し、尼僧になることに迷いのなかったよし子ではあるが、どこかに「尼僧として生き続けるのではない結婚」を意識しはじめていった姿がわかるようである。

還《げん》俗《ぞく》し、良信と結婚

結婚を決めたことについて、

マハヤナ学園から仕事を手伝ってくれないかという話が出まして、私も有明教園の仕事を持っておりますし困りましたが、手伝ってみたい思いもあって、周囲に相談しましたら、自分がやってみたいと思うならやったらいいということでした。友人のなかには「マハヤナ学園は大変なところだから……」という声もありました。（『マハヤナ学園七〇年の歩み』五頁）

と、悩んだ末に尼衆学校の同級生の一条智光尼（のちの大本山善光寺大本願法主）に相談をした。そこで「還俗して長谷川良信夫人になられたら」と助言を受け、よし子は意志を固め、結果的には再三にわたる結婚の申し込みを受けることになる。

よし子が良信との結婚に踏み切る思いのなかに、「マハヤナ学園」の社会事業に従事するという意識が相当高かったことがわかる。この結婚は僧籍から一般人になるという還俗をしても、よし子の根本的な生き方を変えるものではなかった。むしろ尼僧から一般人への還俗はよし子にとってのけじめであり、一般人になっても尼僧としての生き方を貫徹させる強い決意の表し方だったように感じる。

良信は半田にいるよし子の母利から、「本人の意思に任せる」との許しを得た。よし子は半年かかって髪を伸ばした。そしてよし子自身は、

如来様にお詫びをした。たとえ個人の自由意思で出家したのでないとしても、一旦授戒を受け誓いを立てた者が、そうであればこそ、尼として戒を破りたくないから、誓いを本当は守り通したいが故に、それほどの強靭な意志がないから、と、勝手な言い分に聞こえようが、このようにお詫びをしたのであった。

（『私の人生を語る』一〇九頁）

と述べている。

良信は結婚前に友人に会わせるために、よし子を上京させ、昼食を一緒にしている。そこで真野正順、木村玄俊、大河内隆弘など良信の友人らは、

「大変ですよ。貧乏で、人使いが荒くてすでに一人奥さんを殺しているんだから。」

「オイ長谷川、何にもさせるなよ。使いすぎて苦しませるな。」

（『私の人生を語る』一〇八頁）

とよし子に言っている。

このような友人の冗談は実際に本当の話であり、マハヤナ学園は依然として厳しい経営状況のなかで、社会のニーズに応えるべく困難を承知でさまざまな活動を行っていた。次男の匡俊は、

父・良信と母・よし子は、出会うべくして出会ったのだと思います。既婚の女性が得度して尼僧になるという例はめずらしくありませんが、尼僧が還俗《げんぞく》してまで結婚するという例は稀《まれ》です。良信とよし子の間には、社会福祉を充実させ、大乗仏教の精神を若い人たち、特に女性に伝えていくという切実な使命感と燃えるような情熱がありました。それが二人を強く結びつけたのでしょう。

（鶴蒔靖夫『トゥギャザーウィズヒム！』一八〇～一八一頁）

と述べている。

あらためて考えると、この時代の民間施設では有りえない話ではあるが、豊かな財政状況で趣味のように良信が事業を展開していたならば、よし子は結婚を考えなかったかもしれない。困難が見えているからこそ、尊敬する良信とこの事業を成し

遂げてみたいという思いになったのではないだろうか。そして困難を切り開いて、貧しい人々と生きる良信の姿に心が引かれたのであろう。

こうして一九三六年（昭和一一）八月、二八歳のよし子は四六歳の良信と結婚し、マハヤナ学園と家庭生活を両立させていくのである。

六　戦時下の中で

長男良昭の出産

よし子が結婚した当時のマハヤナ学園は創設から二〇年近くが経過した時期であり、本部を東京都豊島区西巣鴨三丁目に置き、五、六カ所の分園と共同して総合的な社会事業施設として先駆的な活動を実施していた。事業内容は人々の生活全般を支えるもので乳児から大人までを対象とし、教育、保育、授産、相談等の機能を有していた。さらに、この時代にはまだ珍しかった医療的な隣保事業を立ち上げ、乳幼児健康相談部で分娩やお産に関する相談に応じる産院等の事業が開始された。そこでは多数の病弱者に軽費での診察が実施されている。

よし子は結婚当初からマハヤナ学園全般の事業に関する雑多な仕事を受け持ち、巣鴨女子商業学校では礼法を教えたり、休みの教員の代理を務めるなど、常勤職と変わらないほどの仕事を任されていた。そして結婚から二年後に出産を迎えることになる。

マハヤナ学園の本館には医療的な隣保事業の一環として、マハヤナ産婦人科産院（のちの巣鴨病院）があった。その助産師らに自宅での出産をゆだね、長男の良昭を一九三八年（昭和一三）九月に出産した。助産師の巧みな手さばきによる子どもの世話や、気持ちよさそうな子どものしぐさに安心感と楽しさや嬉しさを感じ、毎日長男の顔をしみじみと眺めてすごしていた。

半田在住の母親の協力はえられなかったものの、マハヤナ学園関係者の力を借りて育児が進められたために、よし子は少しも不安を感じず、困り事もなかったようである。

長女三恵と次男俊臣（匡俊）の出産

ただ、このとき夫の良信はすでに四七歳であったため、長男の良昭が中学生になるくらいまで生きていられるのか、といったことが頭をよぎっていた。さらに良信はそれほど健康体ではなく、よく風邪をひくのもよし子の心配事であった。しかしそのような心配をよそに、二年半後の一九四一年（昭和一六）一月に長女三恵を出産する。

結婚当初は埼玉県浦和市（現・さいたま市）に住んでいた。しかし毎日、東京都豊島区西巣鴨のマハヤナ学園まで通うことが大変であったために、いったんは板橋に住居を移していた。そののち経費削減のために一九三七年（昭和一二）から西巣鴨の学園内に移り住んだ。その住まい部分も改築し、人に貸すなどして学園の経営の助けを行った。長女三恵は学園の乳児室の隣の自宅で生まれている。

医療的な隣保事業のひとつであるマハヤナ学園の乳児室では、生後百日から三歳までの乳児を昼夜間預かっていた。三人の保育士で一〇人の子どもをみており、人

▲良昭５歳、三恵２歳のころの家族

手がなくミルクを飲ませるだけで大変な状況であった。

三恵を出産し、母乳の出が良く、母乳が余っていたよし子は乳児室の子どもたちに母乳を飲ませたこともあった。そのころマハヤナ学園に乳児を預けて掃除婦として働く母親がいた。毎日、午後に母乳を飲ませるために戻って来たが、母乳の出が悪く乳児はよく泣いていた。泣き続ける乳児によし子が母乳を飲ませたというエピソードが残っている。まるで乳母である。

戦前にあっては現代ほどに人工乳が発達しておらず、母乳の出の悪い母親にとって乳母の存在は大きかった。泣きやまぬ子に乳を含ませるよし子の自然なしぐさが目に浮かぶようである。

次に一九四三年（昭和一八）に次男俊臣（のちに匡俊と改名）を出産する。このときには愛知県半田市在住の実母が手伝いにきてくれた。長女と同様に次男のお産も軽かったが食糧事情が悪化していたために、よし子の母乳の出が悪くなった。よし子は育児だけではなく、学園等の仕事も忙しかったために人工乳を使用するようになった。どこの子どもも同じであったが、このころになると月数に合わせて穀粉を混ぜて飲ませていたために、哺乳瓶が詰まってしまうほどのドロドロしたミルクであった。

一九三九年（昭和一四）に始まった第二次世界大戦は激しさを増し、子どものミルクひとつをとっても日に日に厳しい日常生活になっていった。空襲警報の鳴り響く恐怖の中で子どもを連れて防空壕に入ることもあり、よし子は恐ろしい思いをしながら子育てをしていた。

良信の三度にわたる中国視察

このころ一九三九年（昭和一四）から四三年（昭和一八）までの間に、良信は三度にわたり中国大陸の社会事業と教育の視察に大正大学社会事業研究員として出向いており、留守がちであった。多忙な良信の支えも見込めない状況で、よし子は子育てや出産を成し遂げている。良信の留守を守るよし子は愚痴一つこぼさずに、良信の事業にいつも協力的で理解を示していたのであった。

良信が中国に調査に出かけていたころの浄土宗は、大陸に寺を建立し、現地で日本語教育を行い、希望する人には日本で学問を受けるチャンスを与えていた。この希望者をマハヤナ学園で預かり、住まいと食事提供の協力をしている。五人ほどの男子を預かり、早稲田大学や慶応義塾大学等へ通学させていた。このようにマハヤナ学園は留学生の学寮としての機能も果たしていたのである。

この中国人留学生の以前にも、ハワイから来た学生を住まわせていた経験もあった。こうした協力には食住の世話だけではなく、細々《こまごま》とした生活面での心配りが必要で、裏方の世話をよし子が引き受け、育児をしながらさまざまな形で良信の事業を支えていたのである。

東京大空襲と片柳村への疎開

戦争はますます激しくなっていくばかりであった。よし子にとって忘れられない空襲は、一九四五年（昭和二〇）三月一〇日の「東京大空襲」である。この日一日だけでも、死者が一〇万人以上と言われている。

西巣鴨の自宅からも都心部の夜空が真紅に染まるのが見え、空襲警報は鳴り続け、爆弾が今にも自宅に落ちるかと恐怖の一夜をすごした。翌四月に次女の出産を控えていたため、三月末に東京での生活に限界があると考え、三人の子どもと身重のよし子は、実母らの応援を得ながら埼玉県大宮在（現・さいたま市）の片柳村に疎開した。
　今とは異なり交通の便も悪く、臨月間近の大変なときに子どもたちを連れての疎開は一苦労であった。そして四月に次女文世が無事誕生する。平均より小さく生まれたが元気な女の子であった。
　四人の母となり、食料を調達するために鍬を持ち、やったことのない野菜作りをし、買い出し、洗濯と家事に追われた。ときどき良信がもらった物を持参したが、多忙を極める良信を頼ることは難しかったであろう。疎開先ではマハヤナ学園の公務はなく、疎開生活は楽だと感じていたが、空襲の恐ろしさが無くなったわけではなく、不安は山ほどあった。しかしよし子は晩年にこのときの生活を、
　たった五ヵ月の仮の住居ではあったが、戦時中の母子家庭、また、半農業者のような暮らし、その時は苦しく、辛かったが、思いようによっては楽しくもあった。今まで人まかせで半分以上母親としての責任ある育児ができなかったのが、すべてを母親の手で、何はなくとも手づくり料理、洗濯も風呂たきも、時に畑も、一年生を頭に赤ん坊を含めて四人の子、結構忙しく大変であった。

（『私の人生を語る』一三八～一三九頁）

と肯定的に捉え、ふりかえっている。その後のマハヤナ学園でのよし子の多忙な仕事ぶりをみると、このときほどたっぷり子どもたちに関わり、手をかけられたことがなかったことがわかる。

次女文世の早逝と三女悦子の誕生

一九四五年（昭和二〇）八月一五日に終戦を迎えた。西巣鴨の家が焼けたために、九月中旬ごろに疎開先から東京小石川の景久院（伝通院の子院）に親子六人で身を寄せることになる。景久院では三家族が住み、一つのコンロで湯を沸かし、ご飯を炊き、味噌汁やおかずを作る状態で、とても不便であった。しかし戦後すぐのことであり、焼け出された人々はバラックを立てて住み、どこも大変な状況に変わりはなかった。皆がそうであったように、よし子もその日その日を必死に生きる毎日であった。

そして同年一二月に、里帰りする列車内で生後八ヵ月の次女を背中で亡くしている。身動きもできない混雑のなかで押しつぶされたのだった。それから二年後の一九四七年（昭和二二）四月に三女の悦子を出産している。

同年八月のある日、よし子が愛知県半田市の母親を見舞うために子ども四人を連れて出かけ、良信が宇都宮の弟の所へ行って留守にしていた夜に、景久院の住まいが火災に見舞われた。仏間を含む三部屋が焼け、怪我人は出なかったが夜具類はほとんど焼けてしまった。

帰宅後、半焼けの衣類等をもって、西巣鴨のマハヤナ学園内の教室を仕切って移り住んだ。何もなくなってしまい、みじめな生活が続いたが戦災のために周囲も同じような状況だった。こうして、戦争の中で子どもを産み、戦後の混乱の中で育てていった。どこの家庭も同じようにひもじい状態であったが、よし子の場合は自分の子どもたちだけを守ればよい状況ではなく、良信と共にマハヤナ学園の人々の生活を常に考え続けなければならない立場と使命を負っていたことは、一般の人々と大きく異なることであった。

七　マハヤナ学園で

マハヤナ養護施設の開設

戦時中の東京は「東京大空襲」で大打撃を受け、マハヤナ学園別館の幼稚園や少年信愛会女子寮や長谷川家の自宅は焼けてしまった。しかし幸いにも学園の本館だけは焼けずに残った。そのため学園は敗戦直後に、疎開先や外地からの引揚げや出征兵士の帰還が進むなかで、引揚者や帰還兵士を支援するために本来の事業を縮小し、住む場所を提供した。

西巣鴨は焼け残りが多い地区だったので、人口密度が高かった。銭湯も混み合い、赤ん坊を寝かせて親が衣類を脱いでいる目の前で、赤ん坊が踏まれて亡くなる痛ま

しい事件が起こるほどであった。このような殺伐とした厳しい環境での心境を、よし子は、

私たち社会福祉を志す者にとりましては、例えようのない苦しさ、悲しさ、空しさのなかで、生きて使命を果たすべき大きな役割を与えられたのだと、自分自身に言い聞かせました。仏教女性のひとりとして生き残った幸せをかみしめつつ、社会福祉の仕事をどこまでもやりぬこうと誓ったものでした。空腹を抱えつつ歩きまわる姿を見るにつけ、これが負けた国の姿なのだと思いました。

（『マハヤナ学園七〇年の歩み』八頁）

と、のちに書き残している。敗戦後のこのような厳しい環境のなか、一九四八年（昭和二三）五月に、突然、良信から、

「明日は、都庁から建物の下検分に来るから、整備しておくように」

と、よし子は指示を受けた。何のことかわからないまま、掃除をしていたところ、翌日に東京都から役人が五名やってきて施設内を見て回って帰っていった。よし子が良信に、

「一体何のために東京都の役人が来たのですか」

と尋ねると、
「今度、養護施設（現児童養護施設）を開設するのだ」
と答えた。その頃、「養護施設」がどのようなものなのかも知らず、ましてや自分たちが生きるだけで精一杯の状況であったよし子は、
幼い四人の子どもを抱えて戦火に総てを焼かれた私達の日常生活は、「勝つ」という至上の目標を捨てた占領下の国民のみじめさの中の一員として、正直その日その日の総てが「からだぐるみ」ぶっつかって必死になっていかなければならない生活。（「大乗淑徳タイムス」第二五号）
という心境であったから、良信の独断に対して腹立たしい気持ちになっていた。そんなよし子の気持ちをよそに、役人が学園に来て、
「先生これなら充分。マハヤナは医師はいるし、看護婦（現・看護師）も、保母（現・保育士）も」
と言われ、施設としての合格点をもらい、良信は満足気な様子であった。こうした良信の態度が余計によし子を腹立たせた。布団もなく、食べる物は菜っ葉入りの雑炊、芋さえ十分に与えられず、「どんぐりの粉末」の配給もあったころで、こんな

所に子どもたちを連れてきても何の用意もないし、よし子は時期尚早だと思い、良信に、

「半年待って欲しい」

と頼み込んだ。しかし良信は、

「そんな呑気なことを言って、とても待てるときではない。認可さえあれば、すぐにも子どもたちを連れてくるのだ」

と言って頑として譲らず、薄い綿のちぎれそうな夏かけ布団をどこからか数枚持ってきて、

「これでできる、明日にも子どもが来るぞ」

と、一方的によし子に言った。言い出したら後に引くことができない良信の性格を理解しているよし子は、まず、保育士集めから前向きに準備に取りかかった。

よし子も戦後の子どもたちの切羽詰まった状況を十分理解していただけに、良信に対し児童養護施設の開設を反対することは辛いことでもあったであろう。しかしこのときの二人の決断が、現在も存続するマハヤナ学園の児童養護施設の歴史の始まりとなったのである。

養護施設の社会的背景

ここで「養護施設」が設置されるに至る社会背景をみておきたい。

①一九四八年（昭和二三）の厚生省（現・厚生労働省）の調査によると浮浪児・戦災孤児の数は一二万三五〇〇人にのぼっていた。戦争犠牲者である浮浪児・戦災孤児の増加は終戦後の日本の社会現象であるとともに社会問題となっていた。

②浮浪児・戦災孤児は物乞いや闇屋の手伝い、売春や新聞売り、靴磨きなどの路上労働や盗み、窃盗、スリといった犯罪行為によって生活をしのぎ、その日暮らしをしている状態であった。

③長期間の浮浪状態により、年長浮浪者の悪影響を受け、犯罪行為を身につけていく子どもも珍しくなく、そうした子どもたちには組織的な暴力団の影も見えた。

④こうした浮浪児・戦災孤児は警察署等で管理する「収容所」でも管理されていたが、脱走する子どもたちも少なくなかった。

⑤そうした情勢のなかで、一九四七年（昭和二二）に児童虐待防止法と少年教護法が吸収され、新たに児童福祉法が制定された。

⑥浮浪児やその関連での非行少年の保護が緊急課題であった。

⑦児童福祉法制定前にも、厚生省から「主要地方浮浪児等保護要領」が一九四六年（昭和二一）九月に東京、大阪などの都市圏に通知された。同要領では浮浪児の保護方法や浮浪児保護委員会、一時保護所、児童鑑別所設置の指示がなされている。

⑧そして制定された児童福祉法のもとに、養護施設の設置がなされるようになっていったのであった。一九九七年（平成九）の児童福祉法の改正（一九九八年施行）に伴い、名称を児童養護施設に改称している。

こうした背景のもとに、一九四八年（昭和二三）九月にマハヤナ学園本館内に乳児院・養護施設が開設された。東京都中央児童相談所の一時保護所から保育士に連れられて、最初の入所児が学園にやってきた。戸籍がなかったので詳細は不明だが、年齢は二歳ぐらいであった。良信が名前をつけることになり、長谷川家の戸籍には入れなかったが「長谷川」を苗字として、勤勉になるようにと「勉」と名づけて届けた。この子には知的障がいがあったこともあり、学園では養育の手に負えなくなり、そののちに他の施設へ措置変更をしている。

混血孤児とエリザベス・サンダース・ホーム

また、目や肌の色が異なる混血児も連れられてきた。暴行を受けて身ごもった女性が出産した、肌の黒い四歳の子どもがやってきた。その男の子が、

「もっとキレイに洗ってくれよ。みんなより黒い」

とお風呂でよし子に肌の黒さを気にして、訴えたことがあった。

「じゃ、今度はちがうセッケンを買ってきて、キレイにしようね」

とよし子はその子を慰め、その場をしのいだ。その子はそののちアメリカ人との養子縁組が成立し、学園から去っていった。当時の混血児の境遇は非常に厳しかった。

「エリザベス・サンダース・ホーム」は一九四八年（昭和二三）に神奈川県大磯に創設され、混血児を支援する施設としてたいへん有名である。三菱財閥の創設者岩崎弥太郎の孫である沢田美喜が「混血孤児」の子どもたちを引き取って育てた施設

である。

戦後、日本に進駐したアメリカ兵と日本女性の間に多くの混血児が生まれていた。恋愛の末に生まれた子どももいたが、強姦や売春による出生者もいた。いずれも祝福されずに生を授かり、当時の世間の冷ややかな目や生活苦から、これらの混血児が川や公園、道端などに捨てられ、「混血児の捨て子」が大量に発生していた。

沢田美喜は外交官の夫の赴任に伴いイギリスやフランス、アメリカなどに住んだ経験を持ち、イギリスでは孤児院（現・児童養護施設）でのボランティアの実績があった。

終戦翌年のある日、混雑した電車に乗った彼女の膝の上に、網棚から荷物が落ちてきた。不審に思った警官に包みを開けるように指示された彼女が目にしたのは、「混血の嬰児《えいじ》の遺体」であった。警官や乗客からも死児の母が始末に行くところだと思われ、いったんは濡《ぬ》れ衣《ぎぬ》をかけられた。

しかし他の乗客の証言で、その疑いは晴れた。警官の言葉は当時の日本人の多くが抱いていた感情だった。終戦後の日々の飢えをしのぐためにアメリカ軍兵士についていく女性たちも多く、その結果として懐妊し、出産しても育てられずに捨てる行為が多発した。こうした日本女性への周囲の反感は強いものがあった。

彼女はこの体験に衝撃を受け、生まれてきた子どもに何の罪があるのか、誰が望んでわが子を捨てる親があるのか、との思いを強く持ち、混血児の過酷な状態や母親に向けられる偏見などを知り、私財を投げ打って「混血孤児の救済事業」に乗り出したのであった。

「エリザベス・サンダース・ホーム」は、全国から混血児を受け入れた。当初は乳児院であったが、子どもたちが大きくなるにつれて児童養護施設として運営され、今なお、児童養護施設として同じ場所で運営されている。

「サンダース・ホーム」から「マハヤナ学園」へ入所

マハヤナ学園についての取材や調査を重ねるうちに、木下清に出会った。彼は「エリザベス・サンダース・ホーム」に入所したあと、「マハヤナ学園」へ移り、よし子の情愛に育まれるという稀有《けう》の体験を語ってくれた――。

木下清は一九四七年（昭和二二）にアメリカ人の父と日本人の母の間に生まれた。米軍基地近くの御屋敷に住んでいたが小学校二年生のときに、米軍のパイロットをしていた父親が実家の仕事の関係で、アメリカへ帰国することになった。そのとき、「アメリカに行きたい」と思ったが、母親は夫とアメリカへ渡ることを拒んで離婚し、母と子は日本に残ることになった。しかしほどなくして母親は知人宅に子どもを預け、行方不明になってしまった。

彼は母親に会いたい一心で一人で電車に乗り、探し回ったが会うことはできなかった。そのときは母親に「捨てられた」という気持ちを持つこともなく、「母親には母親の事情があるのだ」と理解し、母親を探すことも止めた。のちに母親との再会を果たすことになるのであるが、この話をするときも母親をうらむ姿は全くない。清少年は知人宅で暮らしていたが、もともとその家庭には二人の子どもがいたために、三人目の子どもを育てるのは無理であり、大磯の「エリザベス・サンダース・ホーム」へ送られたのだ。

五年生になったとき転機が訪れた。エリザベス・サンダース・ホームは敷地内に中学校まで完備されていた。ホームで働く保育士が、

「ここで生活するのはいいけど、閉鎖的でもあるから、将来を考えて外へ出た方がよいのではないか」

との助言をしてくれた。そこで、生まれた土地である、板橋区のマハヤナ学園に移ることになった。エリザベス・サンダース・ホームに比べ、マハヤナ学園は外との接触も自由であったため、入所当初は嬉しかった。エリザベス・サンダース・ホームは世間の風当たりが強い混血児を外へ出して、子どもたちが傷つき卑屈になることを恐れて世間からの隔離を強く行っていたのである。

マハヤナ学園に入所してから一ヵ月たったある日、エリザベス・サンダース・ホームの沢田美喜から電話があり、声を聞いてホームシックにおそわれ、

「エリザベス・サンダース・ホームに帰りたい」

と願い出た。しかし、一週間後によし子から、

「沢田先生から帰る話があったが、子どもは物ではないのだから、あっちへこっちへと、かんたんに移ることはできないよ」

と、戻ることをあきらめるように言われた。その言葉に、「よし子先生は、自分を

大切にしてくれている」と感じ、とても嬉しかったことを鮮明に覚えているという。

そのころの「エリザベス・サンダース・ホーム」と「マハヤナ学園」の生活レベルは、比較にならないほど異なっていた。食事、洋服、小舎制であった施設の設備内容、職員配置、休みの日の過ごし方など、どれをとっても「エリザベス・サンダース・ホーム」の方が優れていた。それでも彼は、エリザベス・サンダース・ホームへの移動を断念し、マハヤナ学園に残ることにした。そして長谷川家の二人の兄弟に弟のようにかわいがられ、充実した日を過ごしたのであった。

マハヤナ学園で中学三年生まで生活し、卒業後は高校進学か就職するかをずいぶん悩み、よし子をはじめマハヤナ学園の職員と相談し、就職を自己選択した。そのときから将来は、「人に使われずに独立して仕事をしたい」との思いを強く持っていた。そして、幼いころから独りの時間を癒すために動物と親しみ、自然も好きだったので、三〇名の従業員を抱える大きな牧場に就職した。牧場では毎日、夜中の二時に起きて一生懸命に仕事をした。二ヵ月経ったときに牧場のオーナーに、

「いくらあったら牧場経営ができるのですか」

と質問したところ、オーナーは、「三億」と答えた。この金額に先の遠さを感じ、

牧場の仕事に見切りをつけた。その後も一人で独立した仕事をしたいと考え、仕事を変えながら生活し、犬の訓練士になることを選び、学校で学び、住み込みながら仕事をして一人前となり、独立して現在の経営者となったのであった。そこまでには人一倍働き、勉強し、真剣に夢を追いかけて生きた姿が見える。

独立してからもマハヤナ学園に一ヵ月に一度くらいは帰り、その縁は続いたのであった。よし子は卒園した子どもたちの将来を案じていたので、成功したことをとても喜んだ。どの卒業生にも、

「今、何しているの？」

と口癖のように質問し、「生活ができているのだろうか」と案じていた。

マハヤナ学園での宗教行事である「み魂祭り」やお正月には、必ず学園に戻り、そのことが生活のなかの楽しみのひとつでもあった。学園に戻るとよし子は、いつも変わらず温かく迎えてくれた。

そしてよし子からは、

「施設の子だからと後ろ指されるようなことはするな」

と言われており、その言われたことを肝に銘じていたという。いつも「よし子先

生」と呼びかけ、よし子の存在は、「師」というよりは、「母親」であったという。

現在も自宅のリビングには実母の写真と並べて、よし子の写真が飾られている。

　彼は言う。

「犬を訓練する仕事に就きながら、〝犬を一頭、一頭、大切にするということの原点〟は、マハヤナ学園でよし子先生が一人ひとりの子どもを大切に育てる姿に接した体験だ」

と。施設で生活したことを人に隠したこともないし、施設の生活を不幸だと思ったこともない、という木下清の姿はバイタリティーに溢れ、輝いて見える。

子どもたちに楽しみを――お正月の餅つきと晴れ着

　戦後まもなく始まったマハヤナ学園にも徐々に子どもの数が増え、長谷川家の末娘の悦子も、この子どもたちに交じっての生活だった。措置されて迎え入れる乳幼児たちは下痢や回虫、疥癬《かいせん》、皮膚病などで見るもかわいそうな子どもたちばかりであった。せめて日光浴をさせたいとゴザを引き、外へ出すと、どの子も薬をつけているために赤い顔や紫の手足、白い顔と痛々しい様子であった。それを通りを歩く人が立ち止まって見ていくために何とも辛いことであり、なかには、

「うつるから外へ出さないで欲しい」

と抗議に来る人もいた。よし子は家庭で育つ子どもと施設の子どもはちがうという世間の観念的な差別意識を感じていたが、早くこのような人たちに理解が広まって欲しいと思っていた。

　子どもたちのなかには、三つの湯たんぽを抱かせても栄養不良のために体温の上がらない子どももいた。こうしたなかで、月に一人平均で子どもたちが死亡していった。病弱の子どもが多いなかで麻疹《ましん》（はしか）が流行し、現代では考えられないが次々と幼い命が奪われた。冬の寒さは暖房が整っている今の寒さと比べものにならない。食事のときも手がかじかんで箸の持てない子どももいたほどであった。

　そんななかでもお正月は子どもたちにとって、楽しみのひとつであった。お餅を食べさせたい一心からヤミ米を買い求め、男手を借りて餅つきを行った。また母親代わりの保育士たちは除夜の鐘が鳴り響くなか、お正月の晴れ着を一枚一枚仕上げていた。こんなときに子どもたちの寝顔を見るよし子は、

自分はこの平和な寝顔、無心というか、邪心のなさ、ミメウルワシくなくとも、その温かさ、何にもたとえられない美、私達おとなが学びたい程の総ての事を教えているような顔、また次の顔、顔。どれも、これも同じことを無言で教えていてくれるような尊い姿に接することが、私達仕事をする者の幸いであり、また最も望むものでもあるのではないだろうか。（『私の人生を語る』二〇六頁）

と記している。こうした深い思いやりを心におさめながらよし子は思うのであった。

今頃、この子の父、母達は何処で何をして、どんな事を考えているのであろう。一度でもよい、子供の幸いを希って呉れただろうか。自分達の人間としての総ての欲を満足させるために、子供なんか忘れているのだろうか。否々そんな事があるものか。一日も早く子供の顔が見たい連れて行きたい。だがあらゆる障害の為に、人間という動物が生きる為に、何かを求めてのがれ出ようとでもしているのか。奈落とも知らずこれが住家と狭苦しい中で互いにいがみ、盗《マ》し《マ》、傷つけ、己を忘れるが為に毒草に身をやきこがし、狂水に己をおぼれらせ、遂に明るい広い天地に出ることができなくなってでもいるのか。この聖なる子供の顔を見よ。お前はそれでも子供の親の資格があるか。見せられるものなら本当に見せて上げたい。他人の私でさえこんなに清く尊い姿に打たれているのにと、果てしなく続く幻想も子供の泣き声に我に帰る。

（『私の人生を語る』二〇六〜二〇七頁）

と。子どもへの思いから見る親への厳しい眼は、命をかけて子どもを育てるよし子にとって、当たり前の感情であろう。

わが子をかわりに死なせても……

三女の悦子は三歳になったときに麻疹《ましん》（はしか）に罹《かか》った。しかしよし子はわが子を特別扱いにせず、反対に布団から出ないように縛りつけて、ひとり広い部屋に寝かせて夜になるまで抱いてやることもなかった。よし子はこのときのことを、「（悦子を抱くのを）別に止められてもいないが、自分の気持ちが許さなかった」と述べ、自分の子どもにはマハヤナ学園の子どもたちに比べて厳しく接し、学園の子どもたちと自分の子どもを分け隔てなく、というよりも、自分の子により厳しく接し、育てたことを回想している。撫子園の卒園生は、

「長谷川家が園の横にあっても〝家庭の温かさ〟を感じたことがなかったために、園長である長谷川家をうらやましく思ったことがなかった」

と語っている。麻疹の流行したときにはさらに、

「できることなら、自分の子供をかわりに死なせてもこの子どもたちの命を助けたい、と心から思うほどであった」

と言い、これほど学園の子どもたちへの責任の重大さを感じたことがなかったと語っている（「大乗淑徳タイムス」二六号）。

よし子はこの当時、基準通りの職員の数がいても、昼間は外回りの仕事や給食などの世話をし、夜は保育士となって立ち働いていた。それでも病気の児童が多く出るときには人手が足りない状態であった。これはどこの施設でも変わらないことであったであろうし、職員数不足は子どもの成長に影響を及ぼす問題であり、現代の児童養護施設の課題でもある。

この麻疹のときには何日も眠らずに看病を続けたよし子であったが、一夜に二つもの通夜をして、翌日に火葬場へ死者を送らねばならない気持ちは、他の人には絶対にわかってもらえないと思えるほどの深い悲しみを体験していた。幼くして親の

顔も知らずに短い生涯を閉じた園児を思い、よし子はこんなに厳しい時代ならば何も苦しまずに終わった方が良かったかもしれないと考え、自身の気持ちを慰めるしかなかった。

このときのマハヤナ学園は保育所や母子寮（現・母子生活支援施設）、乳児院、児童養護施設などで子どもを預かる事業を展開しており、多くの子どもたちが入園していた。しかし一年ばかりで乳児院は廃止になり、幼児を中心とする児童養護施設だけが続けられた。

マハヤナ学園の板橋への移転

マハヤナ学園は一九五〇年（昭和二五）に西巣鴨から現在の板橋区前野町に移転した。戦火を免れた人々の家が西巣鴨のマハヤナ学園の周囲に立ち並び、その密集度が高いため、子どもたちの遊び場も確保できない、などの理由で移転が実施されたのであった。ちなみに移転後の西巣鴨には「マハヤナ保育園」、「マハヤナ中央病院」、「マハヤナ診療所」の三事業が残った。

板橋の地に移転したあとマハヤナ学園の児童養護施設は「撫子園」と公称した。マハヤナ学園で育った大槻みよ子は、一九四七年（昭和二二）に生まれ、事情は不明だが親に見放されて、五歳のときに撫子園に入所した。板橋に移転する直前の西巣鴨のマハヤナ学園である。当時のよし子や学園での想い出を語り、

「入所した当初、よく園舎の階段にひとり座って、遠くを眺めている子どもだったのよ」

とよし子からのちに聞かされた、という。

彼女が思い出す撫子園の記憶は雷が鳴る日、何かのことで児童相談所で怒られ、居場所に困り、所内にいた犬にかじりついて、犬小屋から犬を追い出し寝床を確保した記憶に始まる。そしてある日、撫子園に連れられて行った。初めての日に女の子が自分をじっと珍しそうに見るのが気に入らず、女の子の足をつねった。そんな勝ち気な子で、養子に三〜四回行ったがどれもうまくいかなかった。近所の人に、

「養子に行ったら我慢をするんだ」

と諭《さと》され、「そうなんだ、我慢するものなんだ」と思った。数回目に養子縁組が決まったものの、あまりの辛さに吐き気が止まらず、身体症状まで出た。そこで、

「どこにも行きたくない、学園がいい」

と訴えた。このことがあってから、よし子に、

「あなたは、どこにも行かなくていい」

と言われ、そのまま中学卒業まで撫子園で生活をしたのであった。

撫子園での生活ではさまざまなことがあったが、一九六〇年（昭和三五）の多摩太平園との合併から撫子園の様子はずいぶん変わった。子どもたちも倍の人数となり、高学年の子どもが多かったために薪割り、草むしりなどの作業が取り入れられるようになった。今まで見たことのなかった子ども同士の取っ組み合いの喧嘩も起きた。一変した雰囲気のなかで、初潮のときにある女性職員から生理用品を投げて渡され、侮蔑されるような目つきで、

「全く、あんたは汚いわね」

と言われたこともあった。また、職員から身に覚えのない、してもいないことに疑いをかけられ、嫌になって撫子園から脱走を試みたこともあった。

そんななかでも一週間に一回ぐらい一緒に食事をする良信が、食事前にブラジルや仏教などのすばらしい話を語り、熱心に耳を傾けたことを思い出す。かわいがっ

てくれた良信が亡くなったときは死んだことを認めたくなく、怖くて火葬場へ行くこともできなかった。良信は偉大で尊敬する人として、彼女の胸に残っている。

また、撫子園に乱暴な職員がいるなかでよし子がときどき、頭の上に手をじっと乗せてくれたときの手の温もりは今でも残っている。子ども心に何とも言えず、安心する感覚であった。

当時彼女は、「将来、看護師か花嫁さんになってお母さんになりたい」という夢を持っていた。試験の難しい看護師になるよりもお母さんになろう、そのためにはお手伝いさんになるのがよい、と考えた。そしてお手伝いになったけれども、ご飯の炊き方も魚の焼き方もわからず、初めて勤めた家主に、

「やっぱり施設の子は、ダメね」

と言われたのを今でも思い出すという。よし子に相談すると、

「すぐに帰って来なさい」

と言われて撫子園に戻り、また、新しいところでお手伝いを続けた。いつもよし子が連帯保証人をしてくれていたために、「よし子先生には、迷惑をかけられない」といつも心のどこかで思って頑張った。

卒園を間近にひかえた日に、よし子が撫子園で湯呑を温めて丁寧に玉露茶を入れて飲ませてくれた。その際に、

「美味しいお茶は甘みがあるのよ。これから、美味しいものをたくさん食べるのよ」

と声をかけてくれた。卒園後もよし子は、「あなたは、やっていけるの」といつも将来を心配してくれた。そして二二歳で結婚したときは喜んでくれ、子どもが生まれたときはベビー服とお人形をプレゼントに持って、自宅に訪ねて来てくれた。卒園後も困ったらこの人の所へ行けばいいという安心感と信頼を、いつも与え続けてくれた存在であった。子どもを育てながら専業主婦の生活が続いた。そののち夫の事業がうまくいかなくなり、代わりに彼女が仕事をすることになり、近年、撫子園で仕事をするようになった。

また、彼女は長谷川家の末娘の悦子と同学年であったため、姉妹のようによく遊んだ。当時は思いも及ばなかったが、今考えると悦子はかわいそうだったと思う。

「あなたは、私がいるだけで幸せなんだから」

▲撫子園の旧園舎前で

と、母親のよし子から言われていたことを、悦子から最近聞いたのだ。毎日、よし子は撫子園で食事をして自分の子どもたちのことは二の次であり、悦子は寂しい思いをしたにちがいない。悦子の場合は、撫子園に入園している子どもと異なり、そばに本当の母親や父親がいるのに、実際にはそばにいつもいないという状態であったことを考えると、「悦子さんは、幼かったから一番の犠牲になったのではないだろうか」と思う。逆に言えば、よし子はそれだけ撫子園の子どもと自分の子どもを、分け隔てなくかわいがってくれたのである。本当に母親のような存在であった。何度か小言を言われるようなこともしたが、一度も怒られたこともなく育った大槻みよ子は、園長であるよし子の顔色をうかがうことなどなく、のびのびと育つことができたのであった。

撫子園で暮らして——

東京の閑静な住宅街に住む蒲谷弘代の自宅の、玄関を入ってすぐのリビングの真ん中の壁に、優しく微笑むよし子の写真が飾られている。部屋のどこにいても視線を注ぎ、見守ってくれている感じがあり、この写真の位置にはよし子を特別な存在として想う気持ちがよく表れている。

小学校五年生のときに母親が病死し、父と弟と三人で暮らしていた。父は万年筆工場を経営していたが倒産し、子どもたちを育てることができなくなった。

このころは一九五四年（昭和二九）から始まった神武景気《じんむけいき》がかげりを見せ、景気は急速に落ち込み、一九五七年（昭和三二）には本格的な不景気となり、なべ底不況と言われた。父との生活はガスも電気も止められ、懐中電灯で本を読み、給食費の支払いにも困窮し、修学旅行にも参加することもできない貧しさだった。

父は中学校一年生の蒲谷弘代と弟を東京都北区の児童相談所に預けた。一九五七年（昭和三二）一月のことであった。児童相談所では安心して眠れる所があり、三度の食事が食べられることに感謝の気持ちだった。同年の三月に児童相談所職員に連れられて、風呂敷包みを持って弟と二人で畑の広がる道を歩いて撫子園に入所した。ここでも三度の食事が出ることに感謝し、生卵と一本のミルクを飲むことが嬉しかった。

撫子園でよし子に初めて会ったときの印象は鮮やかである。かすりの着物を着たよし子に後光が差している、と思った。子どもながらに、

「ここは、仏教の関係の施設だから、何かそう見える仕掛けがある」

と思っていた。入所したときは思春期だったために、本人の記憶では「けっしていい子ではなかった」が、よし子からはたいへんかわいがられた思いがある。よし子は同じ年頃の数人の女の子を自宅の台所へ招き、食事の作り方、お茶の入れ方、飲み方や買い物まで体験させてくれた。これも団体生活のなかで普段身につきにくいことを個別に教授し、家庭を築いても困らないようにとの細やかな指導であった。

中学卒業と同時に撫子園を出て、四畳半の部屋を借り、会社員として勤め始めた。

勤めてからもよし子を訪ねて撫子園へ遊びに行き、園で食事をした。そして二七歳で結婚。そののちもよし子とのつき合いは続いた。彼女の娘は幼いときから、よし子宅へ連れられていたので、よし子を、「東上線のおばあちゃん」と言って、本当の祖母のように慕っていた。娘にとってもよし子は特別な存在であり、高校進学が決まったときは成長を喜んでくれ、お祝いをもらったという。

初めてのズル休み

蒲谷弘代には母が自分を生んでくれたからこそ、この世に生を受けられたという感謝と、その母を早くに亡くしたために、撫子園とよし子に出会うことができた、という二重の感謝の思いがある。その蒲谷弘代には撫子園、そしてよし子に大きな縁を感じるエピソードがいくつもある。

一九九六年（平成八）三月一四日、彼女は珍しくズル休みした。その日、なぜか職場に行く気になれずに初めて仕事をズル休みしたのだ。家で佐江衆一著『黄落』を手に取り、「あなた、後光が射していますよ」という文章に目を止めて、撫子園に入園して初めてよし子に会った場面で、後光が射していたことを思い出していた。そのとき電話が鳴り、よし子の死を知らされた。彼女はよし子が入院すると何度も見舞っていたのだ。しかしそこには、「長谷川家の人でないのに会ってはいけない」という気持ちがいつもあった。

よし子の死を知らされ、彼女は生きる目標を失い、この先をどう生きるのかという不安におそわれた。彼女にとって、よし子は尊敬する人物であった。それは撫子園にいた当時からどの子どもにも平等に接し、子どもたちを怒っているところを見たことがない、そんな気品に満ちた穏やかな「よし子先生」の姿であった。また、子どもたちに「がんばれ」と普通の大人が安易に使う言葉を使うこともなく、蒲谷弘代にとってよし子は生きる指針であった。

「感恩奉仕《かんのんほうし》」の気持ちがあれば

一九四四年（昭和一九）生まれの飯田好子は東京中野の大きな乾物屋に生まれ、何不自由なく、というよりも当時の一般の家庭に比べて裕福な生活をしていた。七人兄弟の末っ子で、祖父母や奉公人や女中さんを含めると二〇人ほどの大所帯で暮らしていた。

彼女が三歳のときに四一歳の母が病死し、二年後に父親も入院先の病院で亡くなった。そのために兄弟は施設へ入所したり、住み込みで働くなど家を出た者もいた。歳のいかない彼女は、家庭を持った兄や姉の家で生活していたが、小学校四年生の一九五四年（昭和二九）ごろに撫子園に入所した。

もともと身体が弱く、よく入院していたが撫子園に入所してまもなく、赤痢にかかり一ヵ月の入院を余儀なくされた。そのときによし子が一日おきに見舞ってくれ、励ましてくれたのであった。そのような姿を思い出し、彼女は、

「自分自身を投げ打って、わが子のように育ててくれました。頭が下がる思いです」

と語る。実母と同じくらいの歳であるよし子を見ていると、

「母親が生きていれば、ちょうど、よし子先生と同じような年なのだなあ」

と、母と重ね合わせて想像しているのであった。両親が亡くなって大変であったが逆に、

「良信先生やよし子先生のような立派な人に育てていただいて、本当に幸せで恵まれていました」

と思っている。よし子は自分の子どもにも職員にも厳しい人であったが、撫子園の子どもたちには満面の笑みで接する人であった。実の末娘の悦子にバケツを持たせて立たせていた姿を思い出す。この姿を見たとき、幼な心に「平等な人だ、素晴らしい先生」と感じたものであった。退職した職員からも聞いているが、よし子が結婚前に持っていた着物や指輪なども質に入れて、ずいぶん子どもたちに恩恵を与えてくれたのであった。

卒園後にも家を新築するとお祝いを持って訪ねてくれ、子どもが生まれると「内孫」だと喜び、かわいがってくれた。一度、子どもの入学祝いを郵送してくれたのに、封筒に祝い袋が入っていないので、問い合わせると次の日に郵送で届いたという。よし子の忙しさを物語るエピソードである。いつも忙しい働き者のよし子の様子が伝わってくるようである。

飯田好子が幼いころに、良信とよし子が歌舞伎に連れて行ってくれたときの思い

出は印象深い。黒塗りの外車に乗れるのが嬉しくて真っ先に飛び乗ったら、

「こら、そこは、園長先生の席だ」

と運転手に怒られてしまった。そこへニコニコと良信がやって来て、

「席なんてどこでもいいじゃないか」

と言ってくれたのだ。一人だけ連れて出かけてくれたことがあった。他の皆には知らせず、時間帯などを気遣いながら個別に対応してくれていたようであった。

また、撫子園の女の子はよし子からお茶の作法や、畳の縁《へり》を踏まないで歩き方や、座ったまま障子やふすまを開閉する仕方などの礼儀作法を習った。買い物に一緒に行ってから食事の作り方を教わったこともある。施設であれば何十人単位で作るわけだが、家庭の少人数の食事を作れるように、自宅に呼んで練習させてくれたのである。彼女はよし子にほめてもらうこともしばしばであった。例えば、

「今、診療所へ行ったら、あの子がぐじゃぐじゃになっている履物を、全部きれいに揃えてくれたと言われたのよ」

と声をかけてくれ、

「あなたは、偉いわね」

と、キチンとほめてくれるのであった。そして、

「私は、表に出てもとても気分がいいのよ」

と誇らしげに言う。社会に出ても困らないようにと礼儀作法を伝授したよし子にとって、撫子園の子どもたちが外でほめられることはどんなに嬉しかったことであろうか。よし子は自分の生い立ちから、「自分は、撫子園の子どもたちの母親になろう」と思い、実の子への愛情の分を撫子園の子どもたちに注いでくれたのだと思うと、四人の実の子どもたちに心よりお礼申し上げたい、と彼女は言う。

彼女にとって、よし子はよく自分自身の話もしてくれただけに、亡くなってしまうと、話してくれる人も話を聞いてくれる人もいなくて寂しい。仏壇には実の両親と並んで、よし子の写真を置いて写真に話しかけている。

「徳を積みなさい」というよし子の言葉を大切な人生の座右の言葉としている。彼女はよし子への「感恩奉仕」の気持ちを述懐しながら、感謝の気持ちがあれば愚痴も言わずに笑って生きられる。笑って生きれば、楽しく生きられる、と明るく語っている。

親がいるというだけで、幸せなのだから…

よし子がマハヤナ学園の子どもたちと、どのような思いで接していたのかがよくわかるエピソードがある。それは、戦後によし子が撫子園の子どもたちのケアに苦労していたときのことである。よし子は、

「乳児院で預かっていた子どもたちが、次々に感染症で死んでいく。だけど、うちの子どもたちは、ほったらかしていても死なないのはどうしてだろうか。自分の子どもの命に代えても、お預かりした子どもたち、薄幸な身の上の子どもたちを助けてやらなくてはならない」

と言い、言われた末娘の悦子は当時を回想し、

「自分のことを考えるよりも先に他者を思え、というのが仏教精神の基本でもあるが、その精神を実行することが、結果的には自分の幸せになる……。年をとって今思うと、母はそれを実践していたのだと思う。さらに、話すと嘘っぽく聞こえるかもしれないけれども、私は面と向かって、『あなたが身代わりになって死んでく

れれば』とも言われた」

と話す。実際に、

「あなた（悦子）は食べなくてもいいから、撫子園の子どもたちが食べるのが先」

というふうに育てられたのであった。悦子は、

「あなた（悦子）は、親がいるというだけで幸せなのだから、それ以上のことは望んではいけない。親がいれば何かしら食べ物は与えられる」

ということなのだろうと理解していた。こうして悦子は、撫子園の戦災孤児の子どもたちと一緒に育っていったのである。撫子園で年端のいかない子どもたちの前で悦子が、「お母ちゃま」と呼ぼうものならば、「お母様じゃないでしょ」とピシャッと追い出された。同じ年の子どもたちがうらやましがるのを防ぐために、子どもたちの前では、母親らしい様子は一切見せなかったのである。何をするのでも、いつも撫子園の子どもたちが先であって、

「あなたは後で、とにかく我慢、我慢」

と言われて悦子は育ったという。長谷川家には兄やお手伝いの人やさまざまな人がいたので、ほったらかしていても、どうにかなるでしょうという感じであった。

八　マハヤナ学園の社会事業略史

一九四六～一九六〇年（昭和二一～三五）

一九四六～六〇年（昭和二一～三五）のことを、『マハヤナ学園創立八〇周年撫子園園舎落成記念誌』では、以下のように記している。

マハヤナ学園の戦後は、戦火をまぬがれたマハヤナ学園本館の社会事業復興から始まる。戦前から続いていた保育事業（マハヤナ保育園）、母子ホームの運営のほかに、医療事業の復興、日曜学校の再開等が昭和二〇年代中頃までに行われた。

この間、一九四七年（昭和二二）に教育基本法等の教育関連法が公布され、四月から義務教育六・三制男女共学を実施、また同年一二月には児童福祉法が公布され、巷に溢れる戦災孤児、引き揚げ孤児らの収容保護と教育の必要から、今日の撫子園の前身である養護施設・乳児院が西巣鴨の本館内に開設された。そして「巣鴨女子商業学校」は、淑徳女学校と合併し、今日の学校法人大乗淑徳学園となっている。施設拡充と良好な住環境を求め、乳児院を廃止し、一九五〇年（昭和二五）に養護施設を現在地・板橋区前野町へ移転した。

一九五三年（昭和二八）には、前野町に「マハヤナ第二保育園」が開設され都市化の始まる同地域の保育需要に応えた。一九六〇年（昭和三五）には、調布市にあった養護施設「多摩太平園」の経営を委託され、板橋区前野町の撫子園園児と共同生活に入る。同時に新しく円形三階建ての鉄筋コンクリートの園舎建設に着手した。（『マハヤナ学園創立八〇周年撫子園園舎落成記念誌』二四頁）

一九六一～一九七五年（昭和三六～五〇）

また、それに続く期間（一九六一～七五年、昭和三六～五〇）のことを『マハヤナ学園

▲モダンな円形園舎に改築の撫子園

創立八〇周年撫子園園舎落成記念誌』では、

この時期に、マハヤナ学園の今日の姿がほぼ形づくられた。社会福祉法制の整備にともない、社会福祉施設の専門分化が進みマハヤナ学園は、児童福祉を中心とした社会福祉法人として、その基盤整備を終えた時期といえよう。

一九六一年（昭和三六）に、経営を委託されていた多摩太平園を撫子園に吸収合併し、円形の三階建ての園舎が完成、定員を五〇名から九〇名に変更し、三笠宮妃殿下をお迎えして落成式を挙行した。一挙に四〇名も増員した養護施設では、一九六二年（昭和三七）に創立者の肝いりでボーイスカウト東京第一九一団を結成、園児達はスカウト活動や訓練に汗を流し、特に東京オリンピックの競技場に各国国旗掲揚奉仕、またカブスカウトと共に駅前での共同募金等の奉仕活動を行った。また、園児たちの手による新聞「ねんりん」を発行し、自治活動が盛んに行われたのもこの時期である。また、ボランティア団体「ありんこ会」や「らんぷの会」の活動も活発に行われた。

一方、創立以来の伝統をもつマハヤナ保育園は、一九六五年（昭和四〇）に全面改築し学園創立四八周年と園舎落慶式典を挙行した。その翌年、一九六六年（昭和四一）八月に仏者として半世紀にわたり社会福祉と学校教育に身命を捧げた学園長（創立者）長谷川良信が逝去、後任理事長に長谷川よし子が就任した。

（『マハヤナ学園創立八〇周年撫子園園舎落成記念誌』二五頁）

と、その略史がまとめられている。

児童養護施設の実態と、果たすべき役割

一九六九年（昭和四四）によし子が書いた文章に、終戦直後と異なる児童養護施設の実態等を記したものがある。

子供はもとより家庭にあって父母の手に育てらるべきであるが、種々の事情によってその愛情を受けられない子供たちが戦前にもあった。然し終戦直後の異常とも云う混乱の中で、孤児又はそれに類する子供、混血児等憂慮される数多くの乳幼児、児童がおり、それらに伴う問題が山積された。然しその当時は全て社会一般の人々でさえ衣食住に事欠く時代であり、それらの子供たちを収容し育てることですべてが精いっぱいの状態であったのが、近来、ようやくその終戦処理時代は終った。

だが、ここ数年著しい経済成長に伴い、技術革新が叫ばれ、物資に対する追求は日増しに増大し、そうしたことは必然的に人手不足を来たし、遂には主婦の手までかり出されるようになり、企業の急激な拡張発展はつきることのない

ものとなった。それにつれ、手っとり早いサービス業などの安易な職業に就く者が主婦の中にも多く見られるようになり、家庭は第二義的に考えられ、そこに複雑な社会問題、家庭問題が起り、崩壊家庭、離婚家庭、欠損家庭などがつぎつぎにあらわれた。その大きな犠牲になったのは子供であり、それらの子供たちは、養護施設に措置されるようになった。

措置されるまでに放置されて、著しい人間疎外観をもち、大人を信じないゆがめられた子どもになるのはむしろ当然とさえ云えよう。反社会的行為、不良交遊、怠学などの行動となってあらわれ、家庭に恵まれないと共に、問題児となって施設入所のやむなきに至ったのである。

このような子供たちをいれる施設での役割り《ママ》は、養護と同時に教育の場となり、治療も要し、家庭の調整も重大なことであり、更にはアフターケアも必要なことは当然である。こうした個々の子供につき原因をさぐり、失われたものを暖く受け入れ、とり戻す使命があるのではなかろうか。

（『マハヤナ学園六十五年史　資料篇』七二五〜七二六頁）

さらによし子は、こうした子どもたちへの対応には、第一に子どもを取り巻く人々の惜しみない協力が必要であり、保育士一人の力だけで対応できるものではなく、共に生活する施設職員のチームワークが大切であると強調し、それぞれの立場と責任を自覚し、より高い目標を立て、一人ひとりの子どもに取り組むことを職員に望んでいた。

よし子は、戦後から高度経済成長時代までの社会の変化が子どもに及ぼした影響を指摘し、その上で児童養護施設の果たす役割を述べている。

九　良信のブラジル開教

良信の悲願「ブラジル開教」に着手

夫の良信は、かねてからの「ブラジル開教」構想を実現するため、一九五三年（昭和二八）一一月下旬に貨客船「有馬山丸《ありまさんまる》」に乗船し、ロサンゼルスに向けて横浜港を出発した。そのときよし子は四六歳。難問山積みの留守をあずかる心境を、のちに、

労働組合結成の動きに動揺し、借入金の返済等にも苦心しなければならず、また、長谷川は、浄土宗の布教活動にブラジルへ出航するのである。留守を預かる私の責任もまた、重大なものとなった。規模も大きくなった組織を考え、

主人の脇役でもある私には、東京での学校のこと、マハヤナ学園のこと、自分の家のこと、それらの整備、監督、等々当面、対応しなければならない数々の問題があった。（中略）出港する当日、何度かの外地行きでそれほどの危惧もなかろうが、残される私は憂鬱なことがいっぱいであった。

（『私の人生を語る』一五三〜一五四頁）

と述べている。

このとき長男良昭は中学生であり、その下に三人の子供を抱え、末娘の三女悦子は幼稚園児であった。この四人の子どもたちにやっと食べさせ、学校に通わせている状況である。そして相変わらず、大乗淑徳学園やマハヤナ学園はともに資金繰りが厳しく、よし子は借金と利息の取り立てに追われることがしばしばであった。こうした心配をするよし子を残し、良信はブラジルに旅立ったのである。良信の渡伯《とはく》（ブラジル渡航）は、

①一九五三年一一月〜一九五五年三月　六三歳〜六五歳
②一九五七年三月〜一九五八年一〇月　六七歳〜六八歳
③一九六二年七月〜一〇月　七二歳

と三回続いた。

日本人のブラジル移住の歴史

ブラジルと日本との外交関係が正式に認められたのは、一八九五年（明治二八）にパリで調印された日伯修好通商航海条約によってであった。日本からのブラジル集団移民の歴史は、戦前の一九〇八年（明治四一）四月に遡る。当時のブラジルは、奴隷制度を廃止したために労働力不足が起こり、世界からの移民を認めた状況にあった。

神戸港を出発した第一陣の東洋汽船会社の笠戸丸は、七八一名の農業への契約移民と一二名の自由移民を乗せ、五二日間の航海ののちに一九〇八年（明治四一）六月一八日にサントス港へ入港した。これらは、政府の指導の下に民間の移民会社が仲介していた。

このときの日本人は出稼ぎ感覚でブラジルに渡り、お金を貯めて帰ろうと考えていた人も多く存在したが、実際は出来高払いの賃金で自給自足が精一杯の状況でもあった。また、日本とブラジルの関係は移民だけでなく、一九三〇年代半ば（昭和初期）ごろから生糸、毛糸等が日本から輸出され、ブラジルからは綿花が輸入されていたが入超状況が続いていた。

こうして貿易の発展とともに一八万九千人余りの移住者がブラジルに渡り、第二次世界大戦が没発する一九四一年（昭和一六）まで移民の送り出しは続いた。

当初の移民は人手不足のブラジルからの補助金と渡航者の負担により運営されていたが、関東大震災をきっかけとして日本政府による渡航費用補助金が措置されるようになった。この補助金は移民奨励に有効な策と考えられ、大正から昭和にかけて政府は予算を増額し、渡航者は急増した。戦前の移民は十九万人、戦後の移民は六万人、総数二五万人がブラジルに移り住んだと言われている。

こうしたブラジル移民の推移を背景に良信は一九五三年（昭和二八）に渡航を決断した。その契機について次男の匡俊は、

（1）大正末期から昭和初期に、青年達をブラジルに送った経験

（2）官民あげて、戦後再び盛んになってきた人口問題解決策としての移民の機運

（3）戦後の混血孤児たちの、人種差別のない国への宗教移民（宗教的な信念を持って宗教家が中心となって移住に尽力する）の構想
（4）淑徳女子高等学校の争議発生と解決に尽力したあとの虚脱感
（5）戦後復興に協力してくれたアメリカ国民への感謝のメッセージを届けることと、アメリカ各地の福祉施設の視察
（6）海外開教への使命感

の六点を列挙している。（長谷川匡俊『長谷川良信のブラジル開教』一一頁）

良信の第一回渡伯とその成果

良信は第一回渡伯のときアメリカに二ヵ月滞在し、大学や社会事業施設の視察や図書館における文献調査を実施し、そのあとにブラジル南東部のサンパウロへ入った。サンパウロは南米最大の工業都市で日系人も多い。

ブラジルでは約八ヵ月間、ほぼ全州を歩いて視察を実施し、アマゾン川流域や奥地の日系人入植地へ出向き、講演会等を行った。このときの良信の肩書は「浄土宗

特命開教使」であり、僧侶としてブラジルでの開教の役割を担っていたのである。

日本の面積の二三倍もあるブラジルにおいて、開教のための視察と開教事業の支持者をえるための活動であった。そして、開教の活動拠点として寺院の設置を企画し、ブラジル政府に宗教法人の申請をした。日本を出て丸一年の節目を迎えた一九五四年（昭和二九）一一月二七日に、宗教法人「南米浄土宗別院日伯寺」の認可が下りた。この日が待望の「開教の日」であった。

次男の匡俊は良信の第一回渡伯の成果として、

（1）ブラジルの実情を知る

（2）ブラジル日系社会の観察という目的の達成

（3）ブラジルへの宗教移民と寺院の設置

をあげている。（長谷川匡俊『長谷川良信のブラジル開教』四〇頁）

しかし、良信が日本に帰国したあと、日伯寺の建設や開教事業が後任の開教使の任務放棄により、とん挫してしまった。それから二年後の一九五七年（昭和三二）に六七歳となっていた良信は、再び渡伯の機会をえて、当時一八歳の長男良昭と二名の若い開教師を連れ、神戸港から出発した。

船旅は五六日間かかってサンパウロに到着した。二回目のブラジル渡航の主な目的は、日伯寺本部の建設であった。到着五ヵ月後に幼稚園、日本語学校、日本式中学校、学生寮、老人クラブ等の事業を開始している。

「こどものその」創立と二五周年記念事業

二回目の渡伯で日伯寺の事業が軌道に乗ったのちに、撫子園の子どもたちをブラジルへ迎え入れる計画に動き出した。戦後の日本社会で差別や偏見の目にさらされた撫子園の混血孤児たちをブラジルへ移民させようと考えたのだ。

しかし、日本で住みにくいからブラジルへ連れて来るというのは、ブラジルをばかにしていると現地の人から反対され、即座にこの計画をあきらめた。そのかわり、もう一つの課題であったブラジル日系社会の知的障がい児（当時は、精神薄弱児と呼ばれていた）の救済に力を入れた。

知的障がい児の施設「こどものその」の前身となる「日伯寺学園」治療教育部・養護教育部が一九五八年（昭和三三）九月に九名の児童を迎え入れた。ここに知的障がい児の療育が開始されたのである。
良信はこの二回目の渡伯において、開教に関する事業の実現化やそれに伴う資金集め等のために、長男を含む若い三人の開教師とともにブラジル各地を駆け巡り、一回目の渡伯同様に多くの業績を残し、一年八カ月後の一九五八年（昭和三三）一〇月に帰国した。

そののち「日伯寺学園」はブラジルのイタケーラに移転し、「こどものその」と改名。日系の知的障がい児の子どもたちの生活を支える施設として、その役割を現在においても果たしている。「こどものその」の二五周年記念事業の一環として、ブラジルで「第一回ちえおくれの子のための日伯シンポジウム・セミナー」が開催され、一九八五年（昭和六〇）にその報告書が発刊されている。このシンポジウムにおいて、長男の良昭は「『こどものその』創立の精神と二五周年の意義」と題する講演を行った。

当時、日本移民五〇年の発展史の蔭にひそむ社会問題の一つに、孤児および生活困窮者子弟の問題とならんで、総人口の二～三パーセントにも及ぶといわれる精神薄弱児の問題がありましたが、それはいまだコロニア一般の関心をひくに至っていなかったようです。しかし、日系コロニアの間では、当初から長谷川師に対し社会福祉施設設置の強い要望がありましたので、同師は、予想外に多い精神薄弱児の将来に思いを至し、この子らが「仏子」としてしあわせにならんことを切に願われ、日系人、ブラジルの人々の支持と協力とをえて、精神薄弱児収容施設「こどものその」の基礎を築かれたのであります。（中略）創立趣意書には、「……こうした社会的不幸を未然に防ぎ、児童の時から善導することによって、気の毒な精神薄弱児を一人格として治療教育して、その一生を安らかに送らせてゆきたい。又、孤児及び生活困窮者子弟に適切なる養護教育を施して、立派な一社会人として社会に送り出し、而して当国及びコロニア文化の向上発展に寄与させたい」とあります。そして一九六一年にはブラジル連邦政府及びサンパウロ州政府より社会事業団体として公認をうけ、伯国社会事業審議会、聖州社会事業局にそれぞれ登録されるまでになりました。発願主唱者・長谷川師の理想はコロニア諸賢の深い理解と力強い支援を受けて、着々と実現へと向かっていったのであります。

（『第一回ちえおくれの子のための日伯シンポジウム・セミナー報告書』一五八頁）

良昭は一九五九年（昭和三四）に専任職員として「こどものその」の指導主任の役割と、開教師の役割を担っていたが、四年後の一九六一年（昭和三六）に勉学のために帰国している。

先の報告書の巻頭言によし子も「こどものその」の二五周年の成果を喜び感謝を表している。

近年、国際化ということが重要視され、様々な分野において、他国との交流が活発に行われています。私共の学園創立者・故長谷川良信はすでに大正年代から独り日本にとどまらず、縁ある諸外国との交流の必要性を察知し、時代を先取りしてその推進につとめておりました。殊に戦後の長谷川の関心は、あの広大な南米の地にそそがれ、数々の移民先覚のつてを頼りに、一介の老雲水として、仏種を播くべく、訪伯したのがそもそものはじまりでありました。爾来両三度の訪伯を試み、（中略）全伯有縁の篤志各位の絶大なご援助によって一九五五年日伯寺を創建、ついで一九五八年にはかねて長谷川の念願でもあり、伯国の方々の熱望されていた精神薄弱児施設「こどものその」の開設に至ったわけであります。これも日系人多数のご理解とご協力のもと、日を経るに従って施設は拡充され、その指導の成果も目を見張るべきものがあり、今では伯国になくてはならない精神薄弱児施設となったのであります。

（『第一回ちえおくれの子のための日伯シンポジウム・セミナー報告書』一四一頁）

よし子はこうした文章での謝辞だけではなく、日伯寺の開教師に手紙や励ましの言葉を送り、ブラジル開教の後方支援を全力で続けていた。その努力は開教師のみならずブラジルの人々にとっての日伯寺への信頼の源になっていた。

良信の第三回渡伯と、よし子の後方支援

四年後の一九六二年（昭和三七）七月から四ヵ月にわたり三回目の渡伯が行われた。三回目にして初めての飛行機の旅となった。第三回渡伯の主な目的は、
①日伯寺や「こどものその」の維持と発展に寄与してくれた支援者への御礼
②必ず帰ると約束した「こどものその」のこどもたちに会いに行くこと
③リオデジャネイロで開かれる第一一回世界社会事業大会と、ミナスジェライス

州の首都ベロオリゾンテで開かれる国際社会事業会議の両会議へ、日本代表として出席することであった。

良信は三回にわたる渡伯中に日記を書いている。三回目の日記には「体調が優《すぐ》れない」との記述が目立つ。ある日には遺言状を書くことを思案し、「日本に生きて帰ることはできないかもしれない」と告白している。しかし三回目の渡伯中も一、二回と同様に精力的な活動を実施し帰国している。このことをよし子は、

生か、死かとまで案じ、ひとまず健康体とはいえ、若くもなし、病気を持っていながら、一つのことがあると、それを何か使命のように出かけた。（中略）尊敬に価するという他はない。（『私の人生を語る』一六八頁）

と述懐している。このよし子の良信への尊敬の念は、よし子自身の二度のブラジル訪問をはじめ、ブラジル開教事業に対する後方支援として表れているといえよう。

また、よし子と同様に次男匡俊のブラジルへの思いも深い。父親が成し遂げたブラジル開教五〇周年を祝う、記念行事に合わせて発行した『長谷川良信のブラジル開教—その理念と実践』の冒頭に、その特別な思いを語っている。

こんにち、ブラジルは私にとって切っても切れない縁《えにし》で結ばれた最も親近感のある国となっています。

その理由は、晩年の師父良信が、大巌寺文化苑・淑徳大学の創設とならんで心血を注いだ開教の地にほかならないからです。くわえて、五歳年上の兄良昭にとってもまた、父の二度目の渡伯の折、開教使の卵として随伴し、多感な青年期の四年間を過ごした第二の故郷というべき国だからです。その節には、現南米浄土宗開教総監佐々木陽明上人、故人となられた元こどものその園長西本尊方上人のお二人も、父と共にブラジルに渡りました。

出立前のひととき、前野町の長谷川宅に逗留されたお二人と兄と私で、近くの公衆浴場に赴いた折り、頼もしい二人の先輩の背中を流したときのことを、昨日のことのように思い起こします。あれからはや四六年の歳月が流れました。

一方、私の母はといえば、父や兄の留守を懸命に守るばかりか、彼の地と開教事業の行く末に心を砕き、父亡《な》き後も物心両面にわたって人知れず援助と励ましを送り続けていました。（長谷川匡俊『長谷川良信のブラジル開教』一頁）

この文章から息子である匡俊が父良信、そして兄良昭や開教師らのブラジルにお

▲ブラジル訪問の折、南米浄土宗別院日伯寺にて挨拶に立つ

ける業績を称えるだけでなく、その業績を陰で支えた母よし子の努力と功績に敬意を払い、開教理念が継承されることへの願いの深さが読み取れる。

匡俊の指摘の通り、良信が亡くなったあとのよし子の南米開教支援の役割とその意義は、はかり知れないものであり、よし子の物心両面にわたる支援は、ブラジルの人々の言葉には言い表せないほどの励みと、より一層の信頼の深まりとなった。

実際によし子は一九七一年（昭和四六）と一九七三年（昭和四八）の二度、訪伯している。そのうち、「こどものその」には、良信が亡くなった六年後の一九七一年（昭和四六）七月に大乗淑徳学園理事長として各位への御礼と感謝の意を届け、また各地で講演会を実施している。このときの訪伯についてよし子は、

今回の目的は、故人（前理事長、長谷川良信先生）が残した最も新しい形式の布教活動の足がかりとして創めた南米浄土宗別院の現状視察と、その日伯寺の改築上棟式参列を兼ね、又一つは社会福祉活動（是が新しい布教活動の一部門でもある）の精薄施設がどの程度ブラジルでその役割を果しているか、今後はどうあるべきか、人的資源、物的資源面もどのようになっているかなどもあった。最も重要な点は是等の事業活動に対して日頃からおしみない協力奉仕して下さっている方々、主に日系人に対する謝意と今後のお願いとであった。終始非常な温さに迎え送られ、只々感激と感謝の他なかった。（「学園内報」一六号）

と、帰国後に学園内の広報誌に述べている。

良信の渡伯中のよし子の対応

息子の匡俊の脳裡には今も、父良信が第一回渡伯中で留守のとき、中学生の兄良

昭から言われた言葉が鮮明に残っているという。

「夜な夜な、母さんがどこへ出かけているか、知っているか」

と問われ、小学生の匡俊は見当もつかなかった。兄は、

「着物をお金に替えるために、質屋へ行っているのだ」

と教えてくれた。当時の財政上の厳しさは相当のものであったと推察できる。

「マハヤナ学園の坂（板橋移転後）をあがってくる足音で、どの借金取りが来たのかわかった」

と述べているほど、借金取りに悩まされた毎日であった。よし子はのちに、良信の金遣いの傾向を述べ、あわせて撫子園開設当時の財政難に関して、

「長谷川は小切手や約手で何でも買う。焼けてしまって何もないから、あれも買おう、これも買おうと。あのころの若い子が、先生はお金がないのにどうして買ってくるんでしょうね、といったんです」、よし子の言葉から良信の一面を見ることができる。よし子は池袋のキンカ堂で、手持ちの着物一〇枚をお金に替えるなど金策に奔走した経験も持つ。

（竹内瀧子『風の交叉点3―豊島区に生きた女性たち』一三六頁）

と、取材の竹内瀧子に語っている。

このようにブラジル開教時だけではなく、目の前の人が困っていれば即行動に移す良信の実践力を、物心両面から支えているよし子の姿がいつのときにも見えるのである。

ここまで良信の三回の渡伯をみてきたが、要職にあった良信の三度にわたる長期間の留守を、よし子がどのように対処していたかが以下の内容である。

良信の第一回渡伯直前、撫子園は一九五三年（昭和二八）一〇月三〇日に東京都民生局の査察監査を受け、翌年一月二一日に「養護施設としてやや悪いと認められる」との総合評価と、三つの改善努力を求められている。

（1）養護施設としての経営方針を明確に定め、企画性に富んだ施設運営を目指すこと。

（2）衛生管理を充分にし、病児の発生防止に努める。

（3）養護施設の収入は、他の事業に支出しない。

さらに良信の留守中の一九五五年（昭和三〇）二月二一日に、東京都民生局の査察監査を受け、「養護施設としてやや悪いと認められる」と再度総合評価され、以下の点についての改善を求められている。
（1）私的契約の児童の委託費を措置費並に引き上げる。
（2）食事の献立が変化に乏しい為、献立の改善をすること。
（3）学用品の不足を補い、学習室を設けること。

（『マハヤナ六十五年史　資料篇』二八六〜二八七頁）

特記しておかなければならないことは、留守の良信に代わり、よし子はマハヤナ保育園園長、マハヤナ学園撫子園施設長に就任していることである。そして東京都社会事業功労者、全国社会事業功労者としてそれぞれ表彰を受けている。

一〇　淑徳大学の開校

悲願の開学ののち、良信逝去

良信はブラジルから帰国後も多忙を極めていたが、そのなかで大学構想を一九六三年（昭和三八）から本格的に進めた。このとき大乗淑徳学園は短期大学、高等学校以下、一二校を擁し、五千名の学生生徒を預かる大きな学園となっていた。

さらに高等教育機関として大学設置を構想し、良信が一九五一年（昭和二六）から第六〇世住職を務めている千葉県千葉市の「檀林・大巌寺」の境域に、大学校舎の建設を予定したのであった。

淑徳大学は一九六五年（昭和四〇）一月に淑徳大学社会福祉学部設置の認可が下り、

▲淑徳大学開学式の折、秩父宮妃殿下にキャンパスの説明をする良信（和服姿の女性がよし子）

自ら初代学長に就任し、四月一九日に入学式を挙行して六一名の新入生を迎えた。全国で第四校目の社会福祉学部の単科大学として開学した。そして同年四月二八日には、秩父宮妃殿下の台臨を仰ぎ、開学式が執り行われた。

さらに、一九六五年（昭和四〇）四月七日に開かれた淑徳大学第一回の教授会において、良信の教育理念や方針が語られ、教員への協力を呼びかけている。そこでは「良識に富む実践家」と育成人材像を示し、実習教育に力点を置くとして「臨床的実務実践が教育教科の最重点」と述べている。

こうして淑徳大学は順調にスタートを切ったが、この年の六月に良信は高血圧症、心臓疾患と診断され入院を余儀なくされた。このころ、よし子は三回目のブラジル行き前に患った良信の胃潰瘍のことを気にかけ、大学開学までの三年間、多忙により自宅にいることの少なかった夫の健康を心配し続けていたのであった。

体調不良により、入退院をくりかえしながら公務をこなしていた良信は一九六六年（昭和四一）一月に、東京女子医科大学病院に入院。自宅療養も経ながら再入院後、同年八月四日に死去した。享年七五であった。

その後の理事会の一致により一九六六年（昭和四一）八月二二日に、よし子の気持ちとは反対に理事長に就任した。以来一九七五年（昭和五〇）三月まで学校法人大乗淑徳学園理事長として、その職務を遂行したのである。さらによし子はマハヤナ学園理事長と巣鴨女子商業高等学校長、中学校長にも同時に就任した。

よし子、理事長に就任

当時の淑徳大学社会福祉学部長であった植山つる（淑徳大学名誉教授）は、学祖を失い、よし子が理事長に就任したことを以下のように述べている。

その遺志を継承するため、また、各種の事業を相つぐため、師のその生涯を見守り助力して今日に至らしめた長谷川よし子夫人が新理事長に決定した。最もふさわしい仏教者であり、大乗的母性を育成する教育理念のもとに、多くの人達を指導し、感化的才能を具備された長谷川よし子は、その遺業をつぐ人物として大きな期待をもって迎えられたのであった。

（植山つる『大いなる随縁―植山つるの社会福祉』三三五～三三六頁）

また、「大乗淑徳タイムス」第五五号では、「長谷川新理事長の横顔―篤き信仰の人」と題して、紹介文を載せている。

何よりもまず、先生は稀《まれ》にみる信仰の人であり、その人間形成の根本をなしているものは、光明主義にもとづくひたぶるな宗教的心情であるが、これは先生が幼少の頃から深い宗教的環境の中で育ち、仏者としての専門の修業もつまれた人となりによるものである。もとより本学園は仏教精神を教育の基本原理とし、遠く校祖に女流教育者を戴くユニークな学園である。新理事長の女性としての『ひたぶるな宗教的心情』が、特色豊かな学園への新たなる方向づけとなり強い推進力になられるであろうことは自明である。

また、前理事長の偉大な業績を継承される先生は、単に夫人としてではなく、むしろ同志として故・長谷川良信先生を最も深く理解され協力された方であるが、同志的結合の深さを物語るものとして、こんなエピソードがある。

巣鴨女商校の草創期のころ、前理事長は宗教と社会福祉を根本に据えてのユニークな教育事業への情熱やる方なく、多くの借財をかかえつつも学校創立に身命を賭して努力していたが、創立の事業は一向進捗せず、加えて身辺の大きな不幸に見舞われ苦境に呻吟されていた。このとき愛知県に社会福祉施設を営み、たまたま上京遊学中であった先生は、故・長谷川良信先生の悲願を同じ仏教社会事業の立場で深く理解共鳴し、自ら苦境に身を挺する覚悟をもって協力を約し〝弔い合戦〟を誓ったといわれる。

この美しい同志的結合を出発点に今日まで、夫人としての内助の功はもとより学園財務理事として学園経営の中枢に参画され、歩みをともにされて来たのである。理事会が遺業継承者として全員一致で新理事長に推挙したのも、まことにむべなるかなと思われる。

最後に先生は、年来『女流社会事業家』として令名つとに高いが、むづかしい施設経営に敏腕をふるわれマハヤナをして全国有数の優良総合施設に育て上げられた手腕は、新たな面目をもって本学園の上に発揮されるであろう。（安見記）

叙勲は私個人のものだけではない

よし子が七一歳になる一九七八年（昭和五三）一一月に勲四等宝冠章（現在の宝冠藤《ほうかんとう》花章《かしょう》に相当）を受章している。これは、一八八八年（明治二一）に制定された、日本において功労のある女性のみに授与される勲章である。この時のよし子は、学校法人大乗淑徳学園相談役として第一線を退いていた。そして、一九八三年（昭和五八）には、ブラジル政府よりグラウ・コメンダドール勲章も受章している。先に「勲四等宝冠章」を受章した後の一九七九年（昭和五四）一月、『学園内報』三十三号に「叙勲は私個人のものだけではない」と寄稿している文章が以下のものである。

叙勲は私個人のものだけではない

長谷川よし子

先日墓参の為池袋に出た。毎度見ることではあるが、何かその時は特に胸をついた。誰でもが其処を通る時思いはちがっても何か感じていることであろう。一人がアコーディオンを弾き一人が義足をやゝむき出しに頭を下げ通している姿を。白衣を着し五十の坂を越したかに見える傷痍軍人であろう。私はその日程何ともやりきれない、悲しさ、苦しさ、憤りさえを覚えた事はなかった。〝戦後〟などゝ言う言葉すらかつてを味わった者にのみあるのではないかと思う。三十年以上を経て尚あの姿があるのは。今それを議論する気はない。

雑踏の信号を往き来する人の顔はそれぞれ、早や正月気分の若人、忙しそうな人々、様々な風景を見つゝ思わず涙が落ちそうになった。一体何の涙か人混みも忘れ西武の前からバス停までの数分、複雑な気持ちで通った。自分はこの秋叙勲（勲四等宝冠章）を受けた。億を超す人口の中でそれ程に価する人間であるのか考えているうちにバスターミナルに立っていた。フト見ると何かを象徴する像の下に人生のぬけがらのように横たわる人、これが人間社会の縮図でもあろうと忙しい足をバスに預けたのであった。

福祉国家、文化国家と人々は言う。自分もその恩恵を受けている一人である。頂くだけでは相済まない。自分の有るだけの力を惜しみなく出し切って、受けて頂く側に立たねばと余命幾ばくもない己の姿を見る時泌々と思うのであった。

自分はたしかに来し方を思えば私学経営の片棒をかつぎ苦難の時期を切り抜け、再興復興、新規の道を開く為め最前線で諸々の砲弾を浴び、無防備、然も素手で立ち向かい、よくも今日あったものだと驚ろ《ママ》く程ではある。けれども深く考えた時、己のはからいで出来た事は何一つなかろう。その事に手を貸し援助し、共鳴して下さる人、仲間の様々な教え、先輩の指導鞭撻あればこそ、その事が成就したのであるとわかった時、その感激、感謝おくあたわざるものがある。若し叙勲を自分の考えのみで辞退などしたとすれば沢山恩恵を受けた方々に対してその総ての恩を感じない事にもなりかねないのではないかと思い、一緒にお受けするつもり、又真に喜んで頂くべきだとお受けした。此の紙上を通して学園の皆様方に深く御礼申し上げる次第です。

其処で冒頭に述べた街頭風景での反省、感想は決して感傷ではなく、かつての過去を知り、又行ってきた者として今一度はっきり見なおし、どのように自らの、生き様はある可きかを思いめぐらさねばなるまい。（後略）

（「学園内報」第三三号）

勲章受章に浮かれることもなく、謙虚な姿勢で自らをふりかえり反省するよし子らしいといえる姿が見えてくる文章である。特に「己のはからいで出来た事は何一つなかろう」として、手を貸してくれた人、援助し、共鳴し、指導鞭撻してくれた仲間や先輩への、限りない感謝を述べているところに、よし子の思いがにじみ出ている。

よし子の入院と死

一九九五年（平成七）一一月の誕生日を迎えようとしたある日、心不全でよし子は、緊急入院する。一週間後には、集中治療室から一般病室へ移ることができたが、意識は混濁しており、当初は、摂食が困難であり、四日後ぐらいからようやく流動食が可能となり、意識もだんだんはっきりしてきた。そしてその後、退院して長女の堂園三恵宅に身を寄せた。

廃用性の歩行障害のためのリハビリを長女三恵がつきっきりで行っていたが、再入院となり、その後は退院することなく、一九九六年（平成八）三月一四日、東京都清瀬市の武谷病院で心不全のため、八八年あまりの生涯を閉じた。

亡くなった二日後の三月一六日、多くの参列者のもと小石川伝通院で長谷川家の告別式が執り行われた。法名は、「壽教院照譽榮月大姉」と号した。

よし子は良信との結婚と同時に還俗し、名前を法名の「栄月」から俗名の「よし子」に戻した。しかし、還俗したものの、よし子自身はその後の生涯も「栄月」のままの精神であり続け、宗教的な生き方を貫いたといえる。それは宗教的な厳格なイメージというよりも、宗教的な生き方を身につけた人の自然なふるまいといえる。

ここでいう宗教的な生き方とは、「仏のように生きるということであり、他者のために自分を用いる生き方」を指す。

それは本書でここまで見てきた「よし子の生涯」や、数々のエピソードからも確信できる。幼少時から寺で生活し、乳母車に乗っているときから念仏を聞き、実母青柳利《あおやぎとし》の宗教に生きる真摯な姿を傍《そば》で感じ取れる環境に置かれていたことの影響は大きい。仏教でいうところの「薫習《くんじゅう》」ということであろう。

大学で社会事業を学びながら実践経験の必要性を感じ、よし子はマハヤナ学園へ実習に出向いた。今では社会福祉分野での実習教育は当たり前であるが、このときのよし子は、自らその必要性を感知し、貴重な時間を費やし、実習を通り越して、実践家のひとりとしてその場に関わった。この向学心は並大抵のものではない。

よし子は実習の最中に男女間の生々しい実態や、社会の底辺で暮らす人々の生活実態にふれ、人と社会そのものの理解を深めるとともに、その支援のあり方を身につける必要性を痛感している。こうした世間感覚を身につけることを後回しにし、宗教の勉学に集中していたそれまでの自分を反省したとも言えよう。

社会事業を学ぶ上で、現場の実践を必要不可欠な要素として取り入れようとする柔軟性は、よし子が自らの生きる意味に確信を持てるようになったからこそできたことであろう。これこそ相手のためにどうあるべきかという利他の発想のもとに成り立つ考え方である。こうした一連の縁に導かれるなかで、良信から必要とされて結婚し、生涯にわたり社会事業実践者として、歩み続けていったのである。

人間は二度生きる

筆者は、「人生をもっとも偉大に使う使い方というのは、人生が終わってもまだ続くような何ものかのために、人生を使うことである」というアメリカの心理学者ウィリアム・ジェームズの言葉に出会った。この言葉に出会った際に、写真だけで知るよし子の姿が脳裏に浮かんだ。まさによし子の生き方、存在のあり方そのものを表す言葉のように思えたからである。

奇しくもよし子の次男匡俊は、『長谷川よし子十三回忌記念誌　縁《えにし》どこまでも』（二〇〇八年）の巻頭文に、同じ意味を示す内容を記している。それを紹介しておきたい。

「人間二度生きる」とは、しばらく前に映画監督の大林宣彦氏がテレビで語っていた言葉です。その趣旨はおおむね以下のようであったと思います。一度目は、いわゆるその人の人生です。しかしそれだけではないのです。二度目に生きるということがあるのです。それはその人の生涯を通して、出会って来た人びとの心の中に生きるということなのです。ただし、誰でも容易に二度生きられるわけではありません。やはり、家族であれ、友であれ、地域や職場を共にした人であれ、その時々の人との出会いを大切にした人でなければ、二度目に生きることはかなわないのです、と。さすがに人間観察の鋭い大林氏ならではの達見だと思います。

身びいきかもしれませんが、母よし子は、実に人との出会い、ご縁を大切にした人です。もちろん父良信もそうでしたが、二人とも身をもってこのことを私たち子どもに伝え続けた生涯でした。（『長谷川よし子十三回忌記念誌　縁《えにし》どこまでも』三頁）

おそらく、匡俊や筆者だけではなく、よし子と出会い、別れの経験をしてきた多くの人々が共感することではないかと感じる。

参考文献

（著者名五十音順）

（1）石井研堂『増補改訂　明治事物起原』春陽堂書店発行、国書刊行会発売、1996 年
（2）一番ヶ瀬康子「長谷川りつ子」、五味百合子編『社会事業に生きた女性たちーその生涯としごと』ドメス出版、1973 年
（3）学校法人共立女子学園百年史編纂委員会編『共立女子学園百年史』学校法人共立女子学園、1986 年
（4）神津良子『いざ生きめやも―富士見高原療養所ものがたり』郷土出版社、2007 年
（5）澤田美喜『澤田美喜　黒い肌と白い心―サンダース・ホームへの道』〈人間の記録 134〉日本図書センター、2001 年
（6）社会福祉法人「こどものその」編集委員会編『こどものその創立 25 周年記念　第１回ちえおくれの子のための日伯シンポジウム・セミナー報告書』長谷川仏教文化研究所、1985 年
（7）淑徳大学十年史編纂委員会編『淑徳大学 10 年史』淑徳大学、1976 年
（8）浄土宗尼僧史編纂委員会編『浄土宗尼僧史』吉水学園高等学校、1961 年
（9）巣鴨女子高等学校五十年史編集委員会『巣鴨女子高等学校五十年史』巣鴨女子高等学校、1982 年
（10）巣鴨女子商業学校・家政女学校校友会「ニュース　花ぞの」第２号、1935 年
（11）総合女性史研究会編『時代に生きた女たち　新・日本女性通史』〈朝日選書 865〉朝日新聞出版、2010 年
（12）大乗淑徳学園、巣鴨女子高等学校、巣鴨女子中学校『40 年の歩み』巣鴨女子商業高等学校　40 周年記念行事実行委員会、1971 年
（13）大乗淑徳学園 100 周年記念写真集委員会編『大乗淑徳学園 100 周年記念写真集』大乗淑徳学園、1996 年
（14）大乗淑徳学園一〇〇年史資料編編集委員会編『学校法人　大乗淑徳学園一〇〇年史資料編』学校法人大乗淑徳学園、1996 年
（15）竹内瀧子「長谷川よし子ーマハヤナ学園とともに」、豊島区立男女平等推進センター編『風の交叉点３―豊島に生きた女性たち』ドメス出版、1994 年
（16）田中木叉『日本の光（弁栄上人伝）』財団法人光明会修養会、1997 年
（17）知恩院浄土宗学研究所編『浄土宗の教え―歴史・思想・課題』山喜房佛書林 1974 年

(18) 鶴蒔靖夫『トゥギャザーウィズヒム！―大乗淑徳学園の挑戦』IN 通信社、2008 年
(19) 徳岡秀雄『少年法の社会史』福村出版、2009 年
(20) 豊田俊雄編『わが国産業化と実業教育』国際連合大学発行、東京大学出版会発売、1984 年
(21) 仲新監修・内田糺・森隆夫編『学校の歴史　第 3 巻　中学校高等学校の歴史』第一法規出版、1979 年
(22) 長野県厚生連富士見高原病院編『創立 80 周年記念誌』長野県厚生連富士見高原病院、2006 年
(23) 長野県諏訪郡富士見町編『富士見町史　下巻』富士見町教育委員会、2005 年
(24) 日教組婦人部編『日教組婦人部三十年史』労働教育センター、1978 年
(25) 長谷川匡俊『トゥギャザー　ウィズ　ヒム―長谷川良信の生涯』新人物往来社、1992 年
(26) 長谷川匡俊『長谷川良信』（シリーズ福祉に生きる 24）大空社、1999 年
(27) 長谷川匡俊『長谷川良信のブラジル開教―その理念と実践』大巌寺文化苑出版部、2003 年
(28) 長谷川匡俊監修『長谷川良信全集』全四巻、日本図書センター、2004 年
(29) 長谷川匡俊『社会派仏教者・長谷川良信の挑戦―宗教・社会福祉・教育の三位一体による人間開発・社会開発』社会福祉法人マハヤナ学園、2010 年
(30) 長谷川仏教文化研究所建学の精神シリーズ編集委員会『長谷川良信の宗教・教育・社会福祉』長谷川仏教文化研究所、1992 年（第 2 刷）
(31) 長谷川仏教文化研究所建学の精神シリーズ編集委員会『仏教社会事業に関する管見』長谷川仏教文化研究所、1995 年
(32) 長谷川良昭『長谷川よし子十三回忌記念誌　縁どこまでも―福祉と教育に生きて』2008 年
(33) 長谷川よし子先生追悼集編集刊行委員会『長谷川よし子先生追悼集』学校法人大乗淑徳学園、1997 年
(34) 長谷川よし子『私の人生を語る―社会事業と教育に生きて』時潮社、1985 年
(35) 長谷川よし子編『仏教と社会福祉のあいだ』長谷川仏教文化研究所、1977 年
(36) 正木俊二「結核ノ高山療法」『結核』第 16 巻 9 号、日本結核病学会編、1938 年
(37) 松濤誠達著・浄土宗出版室編『仏教者たちはこうして修行した―わたくしの釈尊論』（浄土宗選書 16）浄土宗、1991 年
(38) マハヤナ学園五十年史編纂委員会『近代日本仏教社会事業の研究―長谷川良信とマハヤナ学園』長谷川仏教文化研究所、1970 年
(39) マハヤナ学園出版部編『長谷川りつ子記念集』マハヤナ学園出版部、1936 年
(40) マハヤナ学園 70 年史編集委員会『マハヤナ学園 70 年の歩み』社会福祉法人マハ

ヤナ学園、1991年
(41) マハヤナ学園六十五年史編集委員会『社会福祉法人　マハヤナ学園六十五年史　通史篇』社会福祉法人マハヤナ学園、1984年
(42) マハヤナ学園六十五年史編集委員会『社会福祉法人　マハヤナ学園六十五年史　資料篇』社会福祉法人マハヤナ学園、1984年
(43) 三島市誌編纂委員会編『三島市誌　中巻』三島市、1959年
(44) 吉田久一「跋『社会事業に生きた女性たちーその生涯としごと』によせて」、五味百合子編『社会事業に生きた女性たち』ドメス出版、1973年
(45) 米村美奈『長谷川よし子の生涯ーマハヤナ学園と共に』淑徳選書2、淑徳大学長谷川仏教文化研究所、2012年

本書を執筆するにあたりまして、多くの関係機関・関係者に取材のご協力をいただき、時には大事に保管されてきた関係資料の閲覧・借用をさせていただき、本当に助かりました。本シリーズの制約上、本文中はすべて敬称を省略させていただきましたことを、御礼とともにお断り申し上げます。

また、掲載の「参考資料」を始めとしてそれ以外にも、多くの先学諸氏の優れた研究成果を学ばせていただき、参照および引用をさせていただきました。この場を借りまして御礼申しあげます。

最後に、本書の刊行にあたり、淑徳大学の長谷川匡俊理事長をはじめとする関係者に感謝するとともに、編集・制作にあたりましては国書サービスの割田剛雄氏、大空社の西田和子氏・山田健一氏のご協力に心から御礼申しあげます。

2017年2月12日

米村　美奈

長谷川りつ子・略年譜

1899 明治 32（0 歳）	2月 12 日小早川六三郎・なかの二女として、静岡県田方郡三島町 111 番地に出生。
1901 明治 34（2 歳）	母なか死去（8月）。
1907 明治 40（8 歳）	地元の尋常小学校に通う。
1915 大正 4（16 歳）	静岡県田方郡立三島高等女学校卒業（3 月）。共立女子職業学校家政科（東京神田）に入学（4 月）。
1917 大正 6（18 歳）	共立女子職業学校卒業（3 月）。1年家事に従事。
1918 大正 7（19 歳）	腸チブスで 50 日療養（8 月）。駿東郡組合立佐野実業補習学校に奉職（11 月〜）
1923 大正 12（24 歳）	佐野実業学校退職（6 月）。関東大震災（9 月）。静岡県立榛原高等女学校奉職（11 月〜）。
1925 大正 14（26 歳）	静岡県立榛原高等女学校を退職し良信と結婚（6月）。東京少年審判所保護司（10 月）。良信は前年開校の「大乗女子学院」を「巣鴨家政女学校」に改組（4 月）。
1928 昭和 3（29 歳）	浄土宗婦人保育協会及勝友婦人会理事（6 月）。良信は西巣鴨第６区長、町内会長就任（4 月）。
1929 昭和 4（30 歳）	保護少年少女収容所暁紅寮設置、監督（1 月）。
1930 昭和 5（31 歳）	良信２度目の外遊（2 〜 6 月）。園務一切を統括。
1931 昭和 6（32 歳）	夫婦して観桜御会に列席（4 月）。念願の「（財）大乗学園巣鴨女子商業学校（初代校長・渡辺海旭）」を開校（4 月）。
1932 昭和 7（33 歳）	良信、得生寺第 23 世に就任し、「真壁保育園」開設（4 月）。マハヤナ学園でよし子と出会う。
1933 昭和 8（34 歳）	渡辺海旭逝去（2 月）。良信が巣鴨女子商業学校の第 2 代校長就任。りつ子の過労重なる。
1934 昭和 9（35 歳）	7月カリエス病と診断され、信州の富士見高原療養所に入院加療（8 〜 11 月）。鎌倉で転地療養。
1935 昭和 10（36 歳）	2月 12 日早朝逝去。享年 37。

長谷川よし子・略年譜

＊ 1907 年（明治 40）、長谷川りつ子が８歳のときに長谷川よし子が出生し、２人は 25 年後の 1932 年（昭和 7）に出会います。２人の略年譜を対比しました。

1907	明治 40（0 歳）	11 月 23 日、愛知県幡豆郡西尾町で青柳利の長女として出生。
1908	明治 41（1 歳）	愛知県豊橋町の青山聖天夫妻の養女（2 月）。
1909	明治 42（2 歳）	岐阜県江木良村の田中留吉の養女（7 月）。
1910	明治 43（3 歳）	名古屋貞養院住職田中順良の養女（10 月）。
1913	大正 2（6 歳）	滋賀県大津市片原町の念仏寺に母青柳利と住む（1 月）。
1914	大正 3（7 歳）	滋賀県大津市南尋常小学校入学（4 月）。
1919	大正 8（12 歳）	智月（青柳利）と愛知県知多郡半田町の応称院へ移転（8 月）。
1920	大正 9（13 歳）	山崎弁栄上人に得度。「栄月」と改名（8 月）。
1926	大正 15（19 歳）	尼衆学校（浄土宗）に入学し入寮（4 月）。
1931	昭和 6（24 歳）	浄土宗善導大師1250年遠忌に生徒として街頭伝道。尼衆学校卒業（3 月）。日本女子大学校社会事業科に入学。京都古知谷の阿弥陀寺で修行（12 月）。
1932	昭和 7（25 歳）	渡辺海旭に縁のある潮泉院に転居（1 月）。日本女子大学校から東洋大学社会教育社会事業科へ転校。巣鴨のマハヤナ学園で、りつ子と良信に出会い、２人の要請で実習（7 月）。
1933	昭和 8（26 歳）	浄土宗児童教化員の養成講座を受講（6 月）。母・智月が病気のため半田へ（8 月）少年保護団体・有明教園を応称院に開設（9 月）。名古屋少年審判所嘱託保護司に委嘱（12 月）。
1936	昭和 11（29 歳）	少年保護団体・有明教園を閉鎖（3 月）。長谷川良信と結婚（8 月）
1938	昭和 13（31 歳）	長男良昭生まれる（9 月）。

1940	昭和 15（33 歳）	マハヤナ本館を改築して移る（12 月）。
1941	昭和 16（34 歳）	長女三恵生まれる（1 月）。
1942	昭和 17（35 歳）	中国からの留学生３人を中国の自宅に送り、慰問活動をし、中国大陸を旅する（４月）。
1943	昭和 18（36 歳）	次男俊臣（のちに匡俊と改名）生まれる（２月）。
1945	昭和 20（38 歳）	大宮在の片柳村に疎開し、次女文世生まれる（4 月）。東京小石川の淑徳高等女学校が空襲で全焼（5 月）。終戦後、小石川表町の景久院に転居（9 月）。次女文世死去（12 月）。
1947	昭和 22（40 歳）	３女悦子生まれる（4 月）。景久院が火災で半焼。マハヤナ本館の教室に転居（8 月）。
1948	昭和 23（41 歳）	児童福祉法適用で「乳児院・養護施設」認可される。定員 50 名（7 月）。
1951	昭和 26（44 歳）	良信、千葉市大巌寺の第 60 世に（12 月）。
1952	昭和 27（45 歳）	社会福祉法人マハヤナ学園理事（7 月）。
1953	昭和 28（46 歳）	良信、第1次渡伯（ブラジル渡航）に出発（12月）。
1955	昭和 30（48 歳）	マハヤナ保育園園長（〜昭和 33 年）（4 月）。母・智月 85 歳、長谷川寓居にて死去（8 月）。
1957	昭和 32（50 歳）	良信、長男良昭、佐々木陽明、西本尊方と第 2 次渡伯（4 月）。
1958	昭和 33（51 歳）	マハヤナ学園撫子園施設長に就任（4 月）。
1960	昭和 35（53 歳）	全国社会事業功労者として表彰（5 月）。
1962	昭和 37（55 歳）	良信、病をおして第３次渡伯（7 月）
1965	昭和 40（58 歳）	淑徳大学・社会福祉学部を開校し、良信、初代学長に就任（4 月）。ハワイの国際仏教婦人交歓会出席（5 月）。良信、心臓疾患等で入院（6 月）。
1966	昭和 41（59 歳）	8 月 4 日良信 76 歳で死去。（学）大乗淑徳学園理事長（〜昭和 50 年）。社会福祉法人マハヤナ学園理事長（〜平成 6 年）。巣鴨女子商業高等学校長、中学校長（〜昭和 45 年）
1996	平成 8（88 歳）	東京都清瀬市の武谷病院にて死去（3 月 14 日）。

●著者紹介

米村美奈（よねむら・みな）

2001年に淑徳大学社会学研究科社会福祉学専攻博士前期課程修了。現職・淑徳大学総合福祉学部教授。（専門：臨床ソーシャルワーク）

主要著書『臨床ソーシャルワークの援助方法論─人間学的視点からのアプローチ』（みらい、2006年）、『長谷川よし子の生涯─マハヤナ学園と共に』（淑徳選書2、淑徳大学長谷川仏教文化研究所、2012年）、『淑徳人の証言─学祖・長谷川良信に続くもの』（淑徳大学長谷川仏教文化研究所、2015年）ほか。

●企画・編者紹介

津曲裕次（つまがり・ゆうじ）　1936年生まれ。長崎純心大学大学院教授。筑波大学名誉教授、高知女子大学名誉教授。専攻は知的障害者施設史。

一番ヶ瀬康子（いちばんがせ・やすこ）（1927～2012）日本女子大学名誉教授。専攻は高齢者・児童・障害者福祉など社会福祉全般。

シリーズ 福祉に生きる 69

長谷川《はせがわ》りつ子《こ》／長谷川《はせがわ》よし子《こ》

定価（本体二、〇〇〇円＋税）

二〇一七年五月二一日発行

著者　米村美奈

編者　津曲裕次

発行者　鈴木信男

発行所　大空社出版㈱

東京都北区中十条四－三－二
電話　〇三（五九六三）四四五一
郵便番号　一一四－〇〇三二
E-mail:eigyo@ozorasha.co.jp

落丁乱丁の場合はお取り替えいたします

ISBN978-4-908926-05-1 C0023 ¥2000E

シリーズ　福祉に生きる

◇収録一覧◇

発行は　1〜68巻・大空社
　　　　以降・大空社出版

1　山高しげり……………鈴木聿子　著
2　草間八十雄……………安岡憲彦　著
3　岡上菊栄……………前川浩一　著
4　田川大吉郎……………遠藤興一　著
5　糸賀一雄……………野上芳彦　著
6　矢吹慶輝……………芹川博通　著
7　渡辺千恵子……………日比野正己　著
8　高木憲次……………村田　茂　著
9　アーノルド・トインビー……高島　進　著
10　田村一二……………野上芳彦　著
11　渋沢栄一……………大谷まこと　著
12　塚本　哲……………天野マキ　著
13　ジョン・バチラー……………仁多見巌　著
14　岩永マキ……………米田綾子　著
15　ゼノ神父……………枝見静樹　著
16　ジェーン・アダムズ……………木原活信　著
17　渡辺海旭……………芹川博通　著
18　ピアソン宣教師夫妻／佐野文子……………星　玲子　著
19　佐藤在寛……………清野　茂　著
20　シャルトル聖パウロ修道女会……………泉　隆　著
21　海野幸徳……………中垣昌美　著
22　北原怜子……………戸川志津子　著
23　富士川　游……………鹿嶋海馬　著

24 長谷川良信……長谷川匡俊 著
25 山谷源次郎……平中忠信 著
26 安達憲忠……佐々木恭子 著
27 池上雪枝……今波はじめ 著
28 大江　卓……鹿嶋海馬 著
29 生江孝之……小笠原宏樹 著
30 矢嶋楫子……今波はじめ 著
31 山室機恵子……春山みつ子 著
32 山室軍平……鹿嶋海馬 著
33 林　歌子……佐々木恭子 著
34 奥　むめお……中村紀伊 著
35 エベレット・トムソン／ローレンス・トムソン……阿部志郎／岸川洋治 著
36 荒崎良道……荒崎良徳 著
37 瓜生イワ……菊池義昭 著
38 中村幸太郎……桑原洋子 著
39 久布白落實……高橋喜久江 著
40 三田谷　啓……駒松仁子 著
41 保良せき……相澤譲治 著
42 小池九一……平中忠信 著
43 大石スク……坂本道子 著
44 宋　慶齢……沈　潔 著
45 田中　豊／田中寿美子……川村邦彦／石井　司 著
46 萬田五郎……清宮烋子 著
47 吉見静江……瀬川和雄 著
48 川田貞治郎……吉川かおり 著
49 石井筆子……津曲裕次 著
50 大坂鷹司……小松　啓／本田久市 著

51 石井亮一……津曲裕次 著
52 長谷川保……小松 啓 著
53 姫井伊介……杉山博昭 著
54 若月俊一……大内和彦 著
55 江角ヤス……山田幸子 著
56 森 章二……飯尾良英 著
57 近藤益雄……清水 寛 著
58 長沢 巌……長沢道子 著
59 グロード神父……白石 淳 著
60 奥田三郎……市澤 豊 著
61 永井 隆……山田幸子 著
62 髙江常男……佐藤勝彦 著
63 大場茂俊……大場 光 著
64 小林運平／近藤兼市……佐藤忠道 著
65 奥村多喜衛……中川芙佐 著

66 菊田澄江……遠藤久江 著
67 原崎秀司……中嶌 洋 著
68 平野 恒……亀谷美代子 著
69 長谷川りつ子／長谷川よし子……米村美奈 著